HISTÓRIAS DE RECOMEÇO

PRIVATIZAÇÃO E *DOWNSIZING*

COLEÇÃO ESTUDOS COPPEAD

HISTÓRIAS DE RECOMEÇO

PRIVATIZAÇÃO E *DOWNSIZING*

Ursula Wetzel

MAUAD

Direitos desta edição reservados à
MAUAD Editora Ltda
Av. Treze de Maio, 13, Grupo 507 a 509 - Centro
CEP 20031-000 — Rio de Janeiro — RJ
Tel.: (21) 2533.7422 — Fax: (21) 2220.4451
E-mail: mauad@mauad.com.br

CATALOGAÇÃO NA FONTE
DEPARTAMENTO NACIONAL DO LIVRO

W544h
Wetzel, Ursula.
Histórias de recomeço: privatização e downsizing / Ursula Wetzel.
– Rio de Janeiro : Mauad: COPPEAD, 2000.

216p. ; 14cm x 21cm – (Coleção Estudos COPPEAD)

ISBN 85-7478-027-8

Inclui bibliografia

1.Privatização – Brasil. 2. Downsizing. I. Título. II. Série.

CDD – 338.981

SUMÁRIO

Parte 3: Depois do *Downsizing* e da Privatização

PARTE 1

PARA COMEÇAR

CAPÍTULO 1

INTRODUÇÃO

A busca por competitividade, por meio de maior agilidade e menores custos, é um imperativo para a sobrevivência das empresas. A ameaça de um mundo em reorganização rompe com as práticas estabelecidas, questiona as verdades administrativas e exige dos executivos que encaminhem suas empresas – rapidamente – para um novo rumo. As empresas passam por mudanças as mais variadas: venda de unidades menos produtivas, venda de negócios sem sinergia com o negócio principal, compra de outras empresas, terceirização de funções, alianças com concorrentes, enxugamento da estrutura interna e *downsizing*, para citar apenas algumas.

Neste livro, tratamos de uma dessas mudanças, a qual vem afetando particularmente as empresas brasileiras: o *downsizing*. De fato, nos últimos anos, muitas empresas brasileiras realizaram programas dessa natureza, sendo provavelmente os mais abrangentes aqueles por que passaram as empresas estatais recentemente privatizadas. O propósito do trabalho é, então, estudar os impactos do *downsizing* nessas empresas.

Autores importantes se perguntam se o *downsizing* é um programa adotado uma única vez ou se é uma prática continuamente retomada pelas empresas[1]. A extensão e a intensidade com que o *downsizing* tem sido utilizado revelam que não se pode falar de um fenômeno superficial e passageiro.

---

[1] Useem, M. e Capelli, P. The pressures to restructure employment. In: Capelli, P. et al. *Change at work*. New York: Oxford University Press, 1997.

Tradicionalmente, os empregos mais afetados referiam-se a empregados de fábrica (*blue-collar*), mas as reduções na última década afetaram, também, funcionários administrativos, técnicos e gerentes.

Diante de tal quadro, deve-se perguntar: quais são as vantagens e desvantagens dos programas de *downsizing*? Há uma corrente de pesquisadores e praticantes que aponta para uma série de pontos positivos na adoção do processo[2]. Dentre os ganhos mais citados, encontram-se: menor *overhead*, menos burocracia, processo decisório mais rápido, melhor comunicação, maior produtividade, maior freqüência de comportamento empreendedor interno à empresa e maiores lucros.

Há, também, aqueles que acham que o processo traz mais danos do que benefícios. Tais autores preocupam-se com o moral, a confiança e o comprometimento dos que permanecem na empresa após o programa de redução de pessoal. Preocupam-se, ainda, com o futuro dos que perderam o emprego. Advogam que, se o *downsizing* é bom para a empresa, não o é para as pessoas, e alertam para o *trade-off* entre os possíveis benefícios de curto prazo e os danos que podem surgir no longo prazo[3].

Vantagens e desvantagens não podem ser comprovados a *priori* e, provavelmente, apenas um distanciamento no tempo poderá indicar os erros e acertos dos diversos programas encerrados e em andamento.

Se alguns autores consideram o *downsizing* inevitável, há aqueles que consideram a forma como o processo é conduzido mais importante do que a decisão em si mesma[4] Uma implementação mal conduzida e falta de suporte por parte da companhia podem comprometer o programa[5]. Neste sentido, todas as etapas do pro-

---

[2] Bruton, G.D., Keels, J.K. e Shook, C.L. Downsizing the firm: answering the strategic questions. *Academy of Management Executive*, v.10, n.2, 1996.

[3] Mone, A.M. How we got along after the downsizing: post-downsizing trust as a double-edged sword. *PAQ*, p.309-336, Fall 1997.

[4] Wallfesh, H.M. Downsize by design to get the intended results. *Employment Relations Today*, p.175-183, Summer 1991.

[5] Ibidem.

cesso – decisão, comunicação, seleção de benefícios a serem concedidos, ações para retenção de talentos, apoio para os demitidos – devem ser cuidadosamente planejados. Detalhes aparentemente triviais podem ter enorme valor simbólico[6].

Os programas de *downsizing* têm sido adotados globalmente. No entanto, a quase totalidade da literatura disponível, publicada em revistas científicas internacionais, relata situações de empresas ocidentais de países desenvolvidos, particularmente norte-americanas. Muito poucos são os estudos realizados em países sul-americanos, entre eles o Brasil[7]. As razões podem estar associadas ao fato de o *downsizing* ser um fenômeno razoavelmente recente e de a literatura pertinente ser de natureza fragmentada.

Há, no entanto, uma grande necessidade de se estudar o processo de *downsizing* em empresas brasileiras. A transposição de práticas gerenciais de um país para outro deve ser conduzida com cautela, uma vez que o sucesso em determinado país – com caraterísticas culturais, econômicas, sociais e legais específicas – não garante o sucesso em outro. Muitas empresas de outros países, desejosas de obter fórmulas prontas e testadas, importaram conceitos e práticas gerenciais sem atentar para o ambiente em que as mesmas deveriam se inserir[8].

Trata-se, portanto, de um tema ainda insuficientemente pesquisado, mas cujas implicações são bastante severas para todos os *stakeholders*: empregados, empresas e sociedade. O estudo de tais processos pode permitir mais profundo entendimento dos mesmos, em um nível de detalhe que se estenda para além de simples dados gerais e número de empregados desligados.

---

[6] Kets de Vries, M.F.R. e Balazs, K. The downside of downsizing. *Human Relations*, v.50, n.1, p.11-50, 1997.

[7] Um dos principais estudos sobre o assunto no Brasil foi realizado por Caldas, que pesquisou moderadores passíveis de atenuarem os efeitos negativos dos programas de *downsizing* (Caldas, M.P. *Demissão, plural e singular:* um estudo sobre enxugamentos de pessoal no nível organizacional e sobre perda de emprego no nível individual. São Paulo: EAESP/FGV, 1998. Tese (Doutorado em Administração de Empresas).

[8] Hofstede, G. *Cultures and organization: software of the mind.* London: McGraw-Hill, 1991.

Além disso, via de regra, os estudos sobre o assunto seguem práticas metodológicas que privilegiam a pesquisa por meio de experimentos[9] ou *surveys*[10]. Há ainda alguns relatos individuais de histórias de *downsizing*, como a realizada por Illes[11], a respeito do fechamento de uma fábrica nos Estados Unidos. Utilizamos, nesse estudo, uma abordagem interpretativa, buscando trazer maior profundidade ao entendimento do tema.

O principal objetivo da pesquisa apresentada neste livro foi o de investigar, a partir de depoimentos de gerentes e funcionários remanescentes, as questões relativas aos processos de *downsizing*: razões para a adoção, características do plano, implementação do plano e implicações para a vida profissional e pessoal dos funcionários.

A pesquisa foi realizada em três empresas brasileiras – ServA, ServB e ServC – privatizadas no biênio 1996-1997. Tendo em vista a iminente privatização, duas das empresas pesquisadas realizaram amplos programas de desligamento voluntário. Após a privatização, todas as três empresas realizaram programas de *downsizing*, mediante demissões ou programas de desligamento incentivado. As reduções atingiram 20% do efetivo no caso da ServA e cerca de 40% nos casos da ServB e da ServC. Em termos absolutos, estes programas significaram que aproximadamente 1.100 funcionários perderam seus empregos na ServA, 2.500 na ServB e cerca de 6.000 na ServC.

---

[9] Brockner *et al*, Threat of future layoffs, self-esteem, and survivors'reactions: evidence from the laboratory and from the field. *Strategic Management Journal*, v.14, p.153-166, 1993.

[10] Brockner, Grover e Blonder, 1988; Brockner, J., Tyler, T.R. e Cooper-Schneider, R. The influence of prior commitment to an institution on reactions to perceived unfairness: the higher they are, the harder they fall. *Administrative Science Quarterly*, v.32, p.526-541, 1987.

[11] Illes, L.M. *Chronicle of a plant closing*. Ithaca: Cornell University Press, 1996.

CAPÍTULO 2

ENTENDENDO O QUE É *DOWNSIZING*

Downsizing[1] é definido como uma eliminação planejada de postos de trabalho e de cargos[2]. Em inglês, o termo tem o sentido de diminuição de tamanho. No contexto administrativo, significa, via de regra, que se está diminuindo ou enxugando estruturas organizacionais. Pode implicar demissão de pessoas ou reorganização do trabalho em que funções, níveis hierárquicos e mesmo unidades são eliminados. Representa uma estratégia que afeta o tamanho da força de trabalho, os custos e os processos de trabalho[3].

Há que observar que não se incluem neste processo as demissões ou aposentadorias que normalmente ocorrem em uma organização[4]. O *downsizing* é intencional e pode ser implantado quer a organização esteja crescendo ou diminuindo[5]. Empresas em declínio

---

[1] Luthans e Sommer lembram que, por ter uma conotação negativa, podem-se encontrar outros termos para o mesmo fenômeno, como, por exemplo, reengenharia, *rightsizing*, reorganização e realocação (Luthans, B.C. e Sommer, S.M. The impact of downsizing on workplace attitudes. *Group and Organization Management*, v.24, n.1, March 1999, p.46-70).

[2] Cascio, W.F. Downsizing: what do we know? What have we learned? *Academy of Management Executive*, v.7, n.1, p.95-105, 1993; Katz, H. Downsizing and employment insecurity. In: Capelli, P. Etal. *Change at work*. NewYork: Oxford University Press, 1997; Kets de Vries, M. F. R. e Balazs, K. The downside of downsizing. *Human Relations*, v.50, n.1, p.11-50, 1997.

[3] Segundo Cameron, 1994 apud Wagar, T.H. Exploring the consequences of workforce reduction. *Revue Canadienne des Sciences de l'Administration*, v.15, n.4, p.300-309, 1998.

[4] Cascio, op.cit.

[5] Cameron, K.S., Freeman, S.J. e Mishra, A.K. Best practices in white-collar downsizing: management contradictions. *Academy of Management Executive*, v.5, n.3, p.57-73, 1991.

reduzem o número de funcionários, por exemplo, com o objetivo de mudar a situação negativa. Empresas saudáveis e mesmo em crescimento podem, igualmente, implementar um programa de *downsizing* como estratégia defensiva contra problemas futuros[6].

ESTRATÉGIAS DE *DOWNSIZING*

As propostas para a redução de pessoal são diversas. De forma geral, uma variável fundamental na escolha da estratégia adotada é o tempo disponível para a implementação. Programas com objetivos a curto prazo exigem medidas mais drásticas, como o desligamento puro e simples. Quando os objetivos são de médio e longo prazo, então o gestor tem à sua disposição estratégias consideradas mais suaves[7]. A opção mais adequada para cada situação depende da magnitude da redução de pessoal e do tempo disponível para a implantação da estratégia.

"Empurra" e "puxa"

O pesquisador americano Tomasko[8] identifica duas estratégias de *downsizing*: "empurra" (*push*) e "puxa" (*pull*). Na "empurra", a empresa demite empregados; na "puxa", oferece incentivos aos funcionários para que saiam voluntariamente. Nesse caso, podem ser oferecidas aposentadorias antecipadas àqueles funcionários com mais tempo de empresa e, aos demais, uma indenização. Muitas vezes a estratégia "empurra" é combinada com a "puxa" (Quadro 2.1).

---

[6] Bruton, G.D., Keels, J.K. e Shook, C.L. Downsizing the firm: answering the strategic questions. *Academy of Management Executive*, v.10, n.2, 1996.

[7] Tomasko, R.M. Downsizing: layoffs and alternatives to layoffs. *Compensation and Benefits Review*, v.23, n.4, p.19-32, 1991.

[8] Ibidem.

Quadro 2.1
Estratégias de *Downsizing* segundo Tomasko

% de redução	Tempo para implementação Menos de 1 ano (resposta a uma ameaça econômica)	1 - 3 anos	3 anos
15% +	demissões em toda a empresa	venda de unidades de negócio	fechamento de unidades de negócios e transferência dos empregados
6 - 14%	programa de incentivo à aposentadoria antecipada ou programa de indenizações	mobilizar as tropas	perda de recursos humanos por situações normais (aposentadoria, pedidos de demissão etc.)
	trazer trabalho sub-contratado de volta para dentro da firma	demissões seletivas	eliminação de departamentos de apoio
	redução no pagamento, mudança de empregados para cargos com menor remuneração	retreinamento ou transferência	
		retreinamento e encontrar empregos fora da empresa	
1%- 5%	demissões seletivas	perda de recursos humanos por situações normais (aposentadoria, pedidos de demissão etc.)	perda de recursos humanos por situações normais (aposentadoria, pedidos de demissão etc.)
	programas direcionados de aposentaria antecipada e demissão incentivada	converter *staff* em consultores	
		venda dos serviços de *staff* fora da empresa	

Fonte: Tomasko, R.M. *Downsizing:* reshaping the corporation for the future. New York, Amacom, 1990.

Para Tomasko[9], empresas que necessitam de redução imediata, de mais de 15% nos custos da folha de pagamento, têm apenas uma opção: o corte generalizado de funcionários[10]. Se a redução

[9] Ibidem.

[10] Um dos exemplos de restrições à adoção de cortes generalizados é o citado por Sparrow, ao indicar que, na França, a partir de 1993, o juiz tem o poder de anular programas de racionalização se considerar que lhes falta "substância" (p.38), o que obriga as empresas à utilização de outras alternativas. (Sparrow, P.R. Reappraising psychological contracting. *Int. Studies of Management & Org.*, v.28, n.1, p.30-63, 1998.

pretendida se encontra na faixa de 6 a 14%, outras opções estão disponíveis, como, por exemplo, programas de incentivo à aposentaria e de demissão voluntária. Caso se pretenda diminuir a força de trabalho em 1 a 5%, demissões ou programas especiais e seletivos podem ser adotados[11].

Estratégias de *downsizing* de longo, médio e curto prazo[12]

Cameron, Freeman e Mishra classificam as estratégias de *downsizing* em: (a) redução da força de trabalho; (b) redesenho organizacional[13] e (c) sistêmica. As três estratégias são resumidas no Quadro 2.2.

A estratégia de redução da força de trabalho tem por objetivo atingir resultados rapidamente por meio de aposentadorias, transferências e demissões, incentivadas ou não. Podem ser oferecidos incentivos financeiros, além das indenizações previstas por lei, bem como outros benefícios. Em qualquer caso, são soluções para reduzir custos.

No redesenho organizacional, o objetivo é cortar trabalho em vez de funcionários. Nesse caso, eliminam-se funções, níveis hierárquicos, divisões e produtos. Por sua difícil implementação, essa estratégia é considerada, tipicamente, de médio prazo.

A estratégia sistêmica, de longo prazo, visa mudar a organização. É entendida pelos autores como um esforço para transformar tanto os valores quanto a cultura da organização. Nesse caso, o *downsizing* deixa de ser um fato pontual na história da empresa e passa a ser considerado parte de um processo de melhoria contínua.

---

[11] Greenhalgh, L., Lawrence, A.T. e Sutton, R.I. Determinants of workforce reduction strategies in declining organizations. *Academy of Management Review*, v.13, n.2, p.241-254, 1988; Tomasko, op.cit.

[12] Extraído de Cameron, Freeman e Mishra, op.cit.

[13] Não confundir o termo *redesenho organizacional*, significando mudança no desenho das organizações, com o significado específico, dado pelos autores, a um tipo particular de *downsizing*. Embora relacionados, redesenho organizacional, considerado em sua acepção genérica, não significa, necessariamente, que pessoas sejam desligadas.

Quadro 2.2
Estratégias de *Downsizing* segundo Cameron, Freeman e Mishra

	Redução de pessoal	Redesenho organizacional	Sistêmica
Foco:	Trabalhadores	Cargos e unidades	Cultura
Elimina:	Pessoas	Trabalho	Processos estabelecidos
Tempo de implementação	Rápido	Moderado	Longo
Objetivo temporal	*Payoff* de curto prazo	*Payoff* de médio prazo	*Payoff* de longo prazo
Inibe	Adaptabilidade no longo prazo	*Payback* rápido	Redução de custo no curto prazo
Exemplos:	*Attrition*[1] Demissões Aposentadorias antecipadas *Buyout packages* *Layoff*	Elimina funções Fusão de unidades Redesenho de trabalho Elimina níveis hierárquicos Elimina produtos	Envolve todos Simplifica tudo Mudança de responsabilidade Incentivo a melhoria e inovação contínua *Downsizing*: um estilo de vida

Fonte: Cameron, K.S., Freeman, S.J., Mishra, A.K. Best practices in white-collar downsizing: managing contradictions. *Academy of Management Executive*, v.5, n.3, p.57-73, 1991.
[1]O termo é utilizado para representar desligamentos que naturalmente ocorrem ao longo do tempo, como demissões e aposentadorias.

A experiência brasileira

Uma classificação semelhante àquela proposta por Cameron, Freeman e Mishra[14] (1997) é apontada por Fleury[15] em pesquisa com empresas brasileiras. Na década de 90, estudando doze empresas industriais, o pesquisador identificou três categorias de ajuste: enxugamento, racionalização e modernização.

[14] Cameron, Freeman e Mishra, op.cit.

[15] Fleury, P.F. Modernização e emprego no Brasil: trajetórias de ajustes na década de 90. In: *ENANPAD-97*, 1997, Angra dos Reis. Rio de Janeiro: ANPAD, 1997. Em CD-Rom.

O enxugamento era um movimento defensivo, que tinha como único objetivo a redução de despesas, não pretendendo alterar a forma de gestão ou mudar a estrutura organizacional. Ações típicas eram a demissão de empregados, o corte de despesas e o fechamento de fábricas. Segundo o autor, as empresas pesquisadas não se preocupavam em elaborar um plano estratégico e realizavam apenas um "emagrecimento forçado"[16].

A racionalização tinha a intenção de, além de reduzir despesas, aumentar a eficiência organizacional por meio de mudanças na estrutura. Algumas medidas típicas dessa forma de ajuste eram a racionalização da estrutura logística, a reestruturação das linhas de produto e a centralização do sistema de distribuição.

A modernização caracterizava-se pela implementação de mudanças de natureza mais qualitativa, a qual envolvia aspectos gerenciais ou tecnológicos. Buscava-se melhorar a capacidade competitiva, em vez de reduzir despesas.

O quadro 2.3 apresenta uma comparação entre as estratégias propostas por Cameron *et al* e Fleury.

[16] Ibidem.

Quadro 2.3

Comparação entre as Estratégias Propostas por Cameron *et al* e Fleury

Estratégia/ Categoria de ajuste	**Redução de pessoal** (Cameron *et al*)	**Enxugamento** (Fleury)	**Redesenho Organizacional** (Cameron *et al*)	**Racionalização** (Fleury)	**Sistêmico** (Cameron *et al*)	**Modernização** (Fleury)
Objetivos	Eliminar pessoas	Reduzir despesas	Eliminar trabalho	Reduzir despesas e aumentar a eficiência	Eliminar processos estabelecidos	Aumentar a capacitação por meio de melhorias de dimensões competitivas
Ações	• Demissões • Aposentadorias antecipadas • *Buyout package*	• Demissão de empregados • Fechamento de fábricas • Corte de despesas	• Fusão de unidades • Redesenho de cargos • eliminação de produtos • redução de níveis hierárquicos	• Mudanças de estrutura: verticalização, desverticalização, reestruturação de linhas de produtos, racionalização da estrutura logística	• Envolvimento de todos • Mudança de responsabilidade • Incentivo a melhoria e inovação contínua • Simplificação	• Modernização tecnológica e gerencial • Melhorias das principais dimensões competitivas: custos, qualidade, flexibilidade, inovatividade e serviços

Fontes: Cameron, Freeman e Mishra (op.cit); Fleury, P.F. Modernização e emprego no Brasil: trajetórias de ajuste na década de 90. In: *ENANPAD-97*, 1997, Angra dos Reis. Rio de Janeiro: ANPAD, 1997. Em CD-Rom.

Escolha de estratégia: a questão do prazo

Empresas, em busca de estratégias de ação imediata, têm como principal opção a demissão de pessoal[17]. Embora tal opção não se faça sem outros custos, esta estratégia garante à empresa a certeza da redução na folha de pagamento.

Embora não mencionada por muitos autores, a terceirização é também uma estratégia a ser considerada. No estudo de Fleury, seis das 12 empresas analisadas reduziram em 50%, na média, seu efetivo de pessoal, o que correspondeu a 27.000 empregados despedidos. Desses, uma parcela significativa passou a trabalhar para terceiros. Em uma das empresas estudadas este percentual atingiu 33% do efetivo despedido[18].

O quadro 2.4 apresenta as opções de estratégias de redução de pessoal no curto prazo.

Quadro 2.4
Estratégias de Redução de Pessoal no Curto Prazo

Estratégia/ Categoria de ajuste	**Redução de pessoal** (Tomasko)	**Redução de pessoal** (Cameron *et al*)	**Enxugamento** (Fleury)
Objetivos	Eliminar pessoas	Eliminar pessoas	Reduzir despesas
Ações	• Demissões seletivas • Demissões em toda a empresa • Programa de incentivo à aposentadoria antecipada • Programa de indenizações	• Demissões • Aposentadorias antecipadas • Programa de indenizações	• Demissão de empregados • Fechamento de fábricas • Corte de despesas

Adaptado de: Cameron, Freeman e Mishra, op.cit.; Fleury, op.cit.; Tomasko, op.cit.

---

17 Greenhalgh, Lawrence e Sutton, op.cit.; Tomasko, op.cit.

18 Exemplos similares podem ser encontrados nos jornais recentes. Artigo na *Gazeta Mercantil* (30.09.98, p. C-1) relata que a Fiat do Brasil dispensou, desde o início do ano até setembro de 1998, cerca de 5,2 mil funcionários que foram, por sua vez, recontratados posteriormente por empresas fornecedoras de serviços à montadora.

Segundo Tomasko[19], opções por estratégias de prazo mais longo, embora nem sempre disponíveis, podem evitar processos dolorosos. Nesse caso, é importante que a empresa disponha de um plano estratégico claro, que oriente suas ações e mantenha um sistema de comunicação tal que os empregados não percam a confiança no futuro. As opções são várias: vender unidades, ou mesmo divisões inteiras; implantar programas de incentivo à aposentadoria e à demissão; retreinar empregados para assumir novas vagas ou deixar que aposentadorias e demissões normais levem à redução de pessoal.

Outras alternativas de longo prazo aos programas de redução de pessoal podem, igualmente, ser consideradas: a contratação de trabalhadores temporários ou em tempo parcial, como proteção às flutuações nos negócios; congelamento de contratações; alocação de funcionários multidisciplinares em outras tarefas; redução de horas extras; redução da jornada de trabalho e da semana de trabalho e procura de novas atividades para trabalhadores subutilizados[20].

Para certos autores, algumas dessas medidas – como o treinamento para capacitar empregados a desempenhar maior número de tarefas ou a procura de novas funções para aqueles subutilizados – podem dar às empresas maior flexibilidade interna e fazer com que optem menos pela flexibilidade externa. Além disso, a maior ou menor utilização de recursos externos como forma de ajustar a empresa a variações econômicas depende, também, das restrições impostas por legislações e culturas dos vários países[21].

Os Quadros 2.5 e 2.6 ilustram estratégias com resultados de médio e longo prazo.

---

[19] Tomasko, op.cit.

[20] Greenberg, E.R. Downsizing: AMA survey results. *Compensation and Benefits Review*, v.23, n.4, p.33-38, 1991; Greenhalgh, Lawrence e Sutton, op.cit.; Katz, op.cit.

[21] Greenhalgh, Lawrence e Sutton, op.cit.; Katz, op.cit.; Osterman, P. The effect of restructuring on employees. In: Capelli, P. et al., op. cit.

Quadro 2.5
Estratégias de Redução de Pessoal no Médio Prazo

Estratégia/ Categoria de ajuste	**Redução de pessoal** (Tomasko)	**Redução de pessoal** (Cameron *et al*)	**Enxugamento** (Fleury)
Objetivos	Eliminar pessoas	Eliminar trabalho	Reduzir despesas e aumentar a eficiência
Ações	• Venda de unidades de negócios • Antecipação de aposentadorias • Programa de indenizações • Demissões seletivas • Treinamento com realocação • Empréstimo de pessoas • Redução natural	• Fusão de unidades • Redesenho de cargos • Eliminação de produtos • Redução de níveis hierárquicos	• Mudanças de estrutura • Verticalização, desverticalização • Reestruturação de linhas de produtos • Racionalização da estrutura logística

Adaptado de: Cameron, Freeman e Mishra, op.cit.; Fleury, op.cit.; Tomasko, op.cit.

Quadro 2.6
Estratégias de Redução de Pessoal de Longo Prazo

Estratégia/ Categoria de ajuste	**Redução de pessoal** (Tomasko)	**Sistêmico** (Cameron *et al*)	**Modernização** (Fleury)
Objetivos	Eliminar pessoas	Eliminar processos estabelecidos	Aumentar a capacitação por meio de melhorias de dimensões competitivas
Ações	• Encerramento de negócios com realocação de empregados • Redução natural • Venda de unidades • Outras estratégias já mencionadas	• Envolvimento de todos • Mudança de responsabilidade • Incentivo à melhoria e à inovação contínua • Simplificação	• Modernização tecnológica e gerencial • Melhoria das principais dimensões competitivas: custos, qualidade, flexibilidade, inovatividade e serviços.

Adaptado de: Cameron, Freeman e Mishra, op.cit.; Fleury, op.cit.; Tomasko, op.cit.

Estratégias simultâneas: vantagens e riscos

Estudos indicam que as estratégias não são excludentes. Empresas bem-sucedidas implementam todas as modalidades, enfocando simultaneamente os prazos curto e longo, reduzindo pessoal tanto de forma seletiva quanto de forma ampla e buscando tanto resultados mensuráveis quanto não mensuráveis[22]. A pesquisa de Fleury[23] indica que cinco das doze empresas analisadas adotaram mais de uma estratégia de ajuste simultaneamente.

O uso concomitante dessas estratégias deve ser bem pensado, para evitar resultados indesejados. Tomasko[24] relata, por exemplo, o caso de uma empresa que ofereceu um programa de incentivo à aposentadoria e, ao mesmo tempo, demitiu alguns funcionários de baixo desempenho. Por serem mais novos, esses funcionários não podiam ser incluídos no programa de incentivo à aposentadoria. O resultado, porém, foi inesperado. As medidas foram interpretadas como uma ameaça, a empresa foi tomada por um clima de insegurança e o número de funcionários que aderiu ao programa foi maior do que o previsto.

Por outro lado, há que se lembrar que outros fatores influenciam as estratégias à disposição das empresas, como a cultura da empresa e os valores dos executivos de cúpula. Useem e Cappelli[25], pesquisadores americanos, dizem que, diante de um leque de alternativas, executivos procuram pautar suas decisões por valores pessoais. Dentro desta perspectiva, o redesenho organizacional e a mudança sistêmica propostas por Cameron, Freeman e Mishra seriam melhor alcançados com forte comprometimento e suporte dos principais executivos.

---

22 Cameron, Freeman e Mishra, op.cit.

23 Fleury, op.cit.

24 Tomasko, op.cit.

25 Useem, M. e Capelli, P. The pressures to restructure employment. In: Capelli, P. et al, op. cit.

Desligamento voluntário: um desafio

Dentre as alternativas para a redução de pessoal, os programas de desligamento voluntário têm sido um instrumento bastante utilizado, por permitirem à empresa dispensar funcionários sem ter que arcar com os ônus de um processo de demissão unilateral, como, por exemplo, a deterioração da imagem da empresa e o efeito negativo sobre o moral dos remanescentes[26].

Esses programas recebem nomes como Programa de Desligamento Voluntário (PDV) e Programa de Desligamento Incentivado (PDI).

Programas de demissão voluntária têm, normalmente, o objetivo de atingir um número predeterminado de pessoas[27]. Podem oferecer um pacote de benefícios que inclui, por exemplo, indenizações proporcionais aos anos de trabalho na empresa, prorrogação do plano de saúde e alocação de verba para treinamento[28].

Uma das principais questões levantadas ao se optar por um programa desse tipo refere-se à falta de controle da empresa sobre a qualidade e a quantidade de funcionários que se apresentam como voluntários. Em algumas ocasiões, pode haver excesso de desligamentos voluntários. Além disso, empregados imprescindíveis podem se interessar em deixar a empresa.[29].

---

[26] Balkin, D.B., Managing employee separations with the reward system. *Academy of Management Executive*, v.6, n.4, 1992; Kuzmits, F.E. e Sussman, L. Early retirement or forced resignation: policy issues for downsizing human resources. *SAM Advanced Management Journal*, p.28-32, Winter 1988.

[27] Guedes, V.A., Calado, S.M.R. e Vieira, M.M.F. Programa de desligamento voluntário: um estudo sobre os fatores determinantes da adesão entre ex-funcionários de instituição financeira governamental. In: *ENANPAD-98*, 1998, Foz do Iguaçu. Rio de Janeiro: ANPAD, 1998. Em CD-Rom.; Pinheiro, L. Eletropaulo inicia plano de demissões voluntárias. *Gazeta Mercantil*, São Paulo, 12.08.1998; Tomasko, R.M. *Downsizing: reshaping the corporation for the future.* New York: Amacon, 1990.

[28] Costa, T. Embratel prevê até 2 mil adesões a plano de demissões. *Gazeta Mercantil*, São Paulo, 15.10.1998, p.C-3.; D'Ambrosio, D. e Mello, P.C. Como reduzir o trauma das demissões. *Gazeta Mercantil*, Cad. Empresas &Carreiras, 30.09.1998, p.C-1.; Mattos, A. Lições de crise do setor de eletrodomésticos. *Gazeta Mercantil*, São Paulo, 29.07.1998, p.C-1.

[29] Kuzmits e Sussman, op.cit.; Tomasko, 1991, op.cit.

O desafio é, portanto, implementar programas que incentivem a adesão dos empregados elegíveis e garantam, paralelamente, o comprometimento e a baixa intenção de *turnover* dos remanescentes[30]. O planejamento correto dos benefícios pode auxiliar a empresa nesta questão. Se o interesse é demitir empregados mais velhos, por exemplo, os benefícios devem incentivar a antecipação da aposentadoria. Se a necessidade é de uma redução mais ampla, o pacote poderá contemplar benefícios financeiros e auxílio para a recolocação profissional, como, por exemplo, treinamento de pessoal e serviços de *outplacement* [31].

A questão da qualidade dos profissionais incluídos no plano pode ser resolvida com uma medida explícita de permitir à empresa manter os melhores funcionários. Outra alternativa é a contratação temporária desses funcionários como consultores até que outros sejam treinados[32].

Se as adesões não forem suficientes para atingir a meta estabelecida, a empresa pode iniciar um processo de demissão sem oferecer qualquer benefício adicional. Tal prerrogativa pode ser entendida, muitas vezes, como uma coação de funcionários, no sentido de forçá-los a aderir ao plano[33].

Do ponto de vista do funcionário, as razões para a adesão ao programa de demissão voluntária são várias. Para alguns, é uma oportunidade de começar um trabalho novo ou encerrar uma carreira que consideram sem futuro. Para aqueles inseguros em seu emprego, representa o "menor de dois males"[34].

---

[30] DeWitt, R.L. Trevino, L.K. e Mollica, K.A. The influence of elegibility on employees' reactions to voluntary workforce reductions. *Journal of Management*, v.24, n.5, p.593-613, 1998.

[31] Balkin, op.cit.

[32] Ibidem.

[33] Balkin, op.cit.; Pinheiro, op.cit.

[34] Tomasko, 1990, op.cit., p.195.

Pesquisa realizada com funcionários do Banco do Brasil em Pernambuco[35] identificou como os fatores de maior importância para a adesão a falta de perspectiva na carreira, a insatisfação com a empresa e a possibilidade de vir a ser transferido. Questões como pressões familiares, existência de negócio próprio e endividamento não se mostraram decisivas na escolha.

Outros problemas relacionados aos programas de demissão voluntária são: o tempo para a adesão ao plano – via de regra considerado curto -, falta de apoio aos empregados que se demitem, discriminação daqueles com mais tempo de empresa e pressão da gerência para a adesão ao programa[36].

O PROCESSO DE *DOWNSIZING*

Modelo em quatro fases

Mishra, Spreitzer e Mishra[37] sugerem um modelo temporal em quatro estágios para analisar como empresas implantam programas de *downsizing* (Figura 2.1). A primeira fase refere-se à decisão de se adotar um programa de *downsizing*. As fases dois e três são as de planejamento e comunicação e estão relacionadas à preparação para a implementação do programa. O último estágio diz respeito às questões encontradas na implantação.

---

35 Guedes, Calado e Vieira, op.cit.

36 Guedes, Calado e Vieira, op.cit.; Tomasko, 1990, op.cit.

37 Mishra, K.E., Spreitzer, G. e Mishra, A.K. Preserving employee morale during downsizing. *Sloan Management Review*, p.83-95, Winter 1988.

Figura 2.1
Processo de *Downsizing*

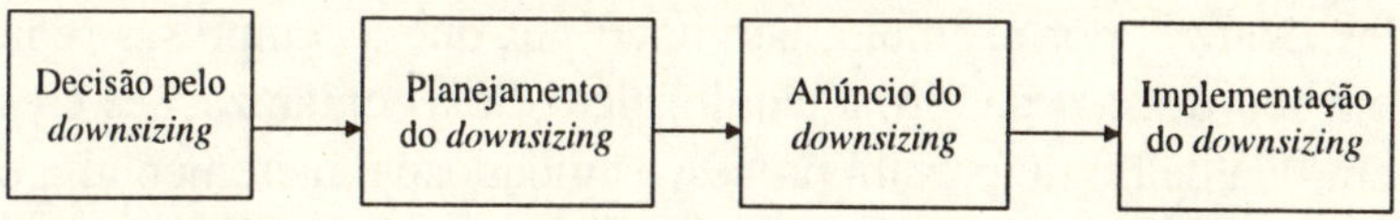

Fonte: Mishra, K.E. e Spreitzer, G.M. Explaining how survivors respond to downsizing: the roles of trust, empowerment, justice and work redesign. *Academy of Management Review*, v.23, n.3, p.567-588, 1998.

Embutida no modelo encontra-se a suposição de que se trata de um processo único, que se inicia e se encerra sem realimentação para iterações futuras. Isso não significa que as empresas não repitam o processo. Ao contrário, autores apontam que cerca de 67% das empresas que cortam empregos voltam a fazê-lo no ano seguinte.

Atores do processo

Embora toda a empresa – e mesmo a sociedade – seja afetada pelos processos planejados de demissão, os estudos tratam preferencialmente de dois atores: os remanescentes[38], que permanecem na empresa após a adoção do plano, e os desligados[39,40], que aderem ao plano. Outros dois grupos de atores, todavia, podem ser considerados fundamentais: os decisores e os executores, estes encarregados de executar o plano.

---

38 Cunhou-se, em inglês, o termo *survivor* (sobrevivente).

39 Cunhou-se, em inglês, o termo *victim* (vítima).

40 Brockner subdivide a categoria em dois tipos adicionais: (1) remanescentes "normais" e (2) aqueles que ficaram na empresa após o *downsizing*, mas que já foram avisados que iriam sair em determinado prazo. (Brockner, J. Interactive effects of procedural justice and outcome negativity on victims and survivors of job loss. *Academy of Management Journal*, v.37, n.2, p.397-409, 1994).

QUESTÕES DE MOTIVAÇÃO PARA O *DOWNSIZING*

Há uma certa perplexidade acerca dos motivos que levam as empresas a adotar programas de redução do número de funcionários. Katz[41] , por exemplo, pergunta: por que as empresas reduzem seu pessoal de forma tão drástica? Se as organizações crescem, via de regra, por um processo cuidadoso e incremental, por que, então, agem de forma distinta? Segundo o autor, a razão mais provável para tal decisão está relacionada a intensas pressões financeiras, que obrigam a ações de rápido resultado. Além disso, como o processo enfrenta grande resistência, as empresas normalmente adiam a decisão até quando a redução se torna inevitável.

De forma geral, a redução no número de funcionários é motivada pela intenção de controlar e diminuir custos. Mas algumas considerações devem ser feitas. Quando se diminui o pessoal mantendo-se o mesmo nível de atividade, melhora-se a eficiência da empresa. Se, no entanto, há redução de pessoal junto com redução do campo de atuação da empresa – através, por exemplo, de venda de ativos ou concentração em determinados segmentos de negócios – está-se melhorando, provavelmente, a eficácia. Neste último caso, não se pode dizer que a redução de pessoal tenha o simples propósito de cortar custos, uma vez que o próprio movimento de alteração de objetivos empresariais denota a reorientação de estratégia e não um corte com objetivos de curto prazo[42] .

De forma geral, os autores indicam como motivos para a adoção de um processo de *downsizing*:

---

[41] Katz, op.cit.

[42] Segundo a pesquisa de Bruton, Keels e Shock, as empresas que reduziram pessoal e venderam ativos, com o objetivo de concentrar suas atividades, tiveram um desempenho financeiro melhor do que outras que reduziram pessoal e ativos mas não concentraram suas atividades. (Bruton, G.D., Keels, J.K., Shook, C.L. Downsizing the firm: answering the strategic questions. *Academy of Management Executive*, v.10, n.2, 1996.)

- A prática de *benchmarking*, que permite às empresas comparar seus custos de *overhead*. Estes chegaram a representar cerca de 26% do custo de manufatura nos Estados Unidos, enquanto na Alemanha essa proporção era de 21,6% e no Japão de 17,9%[43];
- A tecnologia de informática, novas tecnologias de automação e de comunicação que incentivam empresas a dispensar empregados[44];
- A produtividade decrescente dos funcionários de escritório. Segundo Cameron, Freeman e Mishra[45], entre 1978 e 1986, a indústria americana de manufatura aumentou o número de empregados de escritório em 21%, mas com decréscimo de 6% na produtividade desse grupo;
- O alto índice de endividamento, que pode forçar as empresas a "passos dramáticos" para garantir o pagamento de juros[46];
- Mudanças nos mercados, que levam à procura por flexibilidade não apenas no processo de manufatura, como também nas relações de trabalho. Assim, empregos com comprometimento de longo prazo passam a ser considerados custos fixos a serem evitados[47];
- O aumento da competição. Segundo Useem e Cappelli[48], empresas americanas que operavam em mercados protegidos por regulamentação de preço e mercado tiveram que se reestruturar, pois a desregulamentação teria aumentado dra-

---

[43] Cascio, op.cit; Kets de Vries e Balazs, op.cit.

[44] Cascio, op.cit.; Greenberg, op.cit.; Kets de Vries e Balazs, op.cit.; Rifkin, J. *O fim dos empregos*. São Paulo, Makron, 1995; Useem e Cappelli, op.cit.; Wallfesh, H.M. Downsize by design to get the intended results. *Employment Relations Today*, p.175-183, Summer 1991.

[45] Cameron, Freeman e Mishra, op. cit.

[46] Cascio, op.cit., p.96.

[47] Useem e Cappelli, op. cit.

[48] Ibidem.

maticamente a competição. Outros autores[49] consideram o crescimento da concorrência internacional um fator de pressão para reduções de pessoal;

- Fusões e aquisições[50], que se caracterizam pela imposição de uma estrutura organizacional sobre outra, o que resulta em excesso de funcionários. Esse excesso concentra-se, via de regra, mais no nível gerencial do que no nível operacional. Justifica-se, assim, a dispensa de funcionários de uma camada da empresa antes protegida das demissões.

- Pressões de investidores. Para Useem e Cappelli[51], parte da pressão para a reestruturação teve origem, no caso americano, numa concentração de propriedade nas mãos de investidores institucionais, como, por exemplo, fundos de pensão e companhias de seguro. Estas companhias estavam interessadas nos lucros a serem obtidos por meio de pressão sobre a gerência das empresas, visando cortar custos e aumentar a produtividade e a qualidade do serviço ou produto. A estratégia adotada pelos gestores utilizou-se de reestruturações organizacionais e corte de postos de trabalho;

- Declínio dos negócios[52];

- Melhor utilização da mão-de-obra.[53]

Condições externas desfavoráveis não são condições necessárias para justificar a redução de pessoal. A redução pode ocor-

---

49 Noer, D. *Healing the wounds*: overcoming the trauma of layoffs and revitalizing downsized organizations. San Francisco: Jossey-Bass, 1993; Wallfesh, op. cit.

50 Burke, R.J. e Nelson, D. Mergers and acquisitions, downsizing, and privatization: a North American perspective. In: Gowing, M.K., Kraft, J.D., Quick, J.C. *The new organizational reality:* downsizing, restructuring and revitalization. Washington, DC: American Psychological Association, 1998; Greenberg, op.cit.; Kuzmits e Ssussman, op.cit.; Noer, op.cit.; Wallfesh, op.cit.

51 Useem e Capelli, op.cit.

52 Burke e Nelson, op.cit.; Greenberg, op.cit.

53 Greenberg, op.cit.

rer ainda que o ambiente competitivo seja favorável e que a demanda pelo produto ou serviço seja crescente[54]. Vários motivos podem explicar, nesses casos, a redução de pessoal, entre eles a opção de trabalhar com um quadro enxuto, dentro do espírito *lean and mean*[55] ou, ainda, um movimento de imitação das práticas de outras empresas que adotaram programas de *downsizing*.

Consideradas as inúmeras pressões, poder-se-ia pensar que o *downsizing* tem aceitação unânime entre executivos e pesquisadores. Não é o que acontece. Embora a estratégia seja largamente adotada por organizações, está longe um consenso em relação aos custos incorridos e aos benefícios obtidos. Para muitos, é uma prática saudável, apenas mal implementada. Para outros, não há como fugir dos danos infligidos à organização. Vejamos como cada uma dessas correntes se articula.

Defesa do *downsizing*

Os programas de *downsizing* são adotados com o objetivo de gerar benefícios financeiros e organizacionais. Os principais benefícios financeiros esperados são: menor custo de *overhead* e maiores lucros[56]. Além disso, os dirigentes enxergam *o downsizing* como uma forma atraente de redução de custos, por ser mais previsível do que o aumento do lucro. Tomasko[57], entretanto, alerta que ações de curto prazo são mais fáceis de ser quantificadas em termos de custos e benefícios do que aquelas de longo prazo, que podem ser avaliadas, muitas vezes, apenas em termos qualitativos.

---

[54] Ver Tomasko, 1990, op. cit e Wagar, op.cit.

[55] *Lean and mean* foi cunhado pela literatura de *downsizing* para designar empresas que optam por trabalhar com estrutura de pessoal enxuta (*lean*) mas que, ao fazê-lo, são maldosas (*mean*) com seus empregados. Harrison indica que as empresas dentro do espírito *lean and mean* terminaram por implantar programas de *downsizing* que ignoraram os efeitos sobre comunidades, carreiras e vidas humanas, tendo se tornado, assim, empresas más. (Harrison, B. *Lean & mean:* why large corporations will continue to dominate the global economy. New York: The Guilford Press, 1994).

[56] Ver Cascio, op.cit.

[57] Tomasko, 1990, op.cit.

Entre os ganhos organizacionais mais esperados encontram-se: menos burocracia, processo decisório mais rápido, melhor comunicação, maior produtividade e mais comportamento empreendedor dentro da organização. Com a eliminação de níveis hierárquicos, é possível reduzir a burocracia, ganhar velocidade nas decisões e na comunicação e obter maior produtividade[58].

Mesmo reconhecendo que o *downsizing* tem duas faces – a empresa pode ser a beneficiada, mas o empregado não – considera-se que há benefícios para funcionários, tais como: uma nova organização do trabalho que incentiva maior responsabilidade, maior conjunto de tarefas realizadas por equipes relativamente autônomas para tomar decisões que anteriormente eram da esfera da supervisão e maior liberdade na forma e fluxo do trabalho[59].

Mesmo no nível gerencial podem ser observadas melhorias. Relatam-se maior poder discricionário nas decisões para atender às necessidades dos clientes, maior participação em equipes interfuncionais e maior controle sobre seu próprio trabalho.

Segundo pesquisa realizada em 1995 com 1.034 empresas canadenses de todos os setores, os principais benefícios obtidos com o *downsizing*[60] foram redução nos custos e maiores lucros (Tabela 2.1).

Tabela 2.1
Benefícios Obtidos com o *Downsizing* em Empresas Canadenses

Benefícios	%
Redução nos custos	85
Maiores lucros	63
Maior produtividade	58
Melhor serviço ao cliente	36

Fonte: Burke, R.J. e Nelson, D. Mergers and acquisitions, downsizing, and privatization: a North American perspective. In: Gowing, M.K., Kraft, J.D., Wuick, J.C. *The new organizational reality*: downsizing, restructuring and revitalization. Washington, DC: American Psychological Association, 1998.

[58] Ver Cascio, op.cit.; Kets de Vries e Balazs, op.cit.

[59] Useem e Cappelli, op.cit.

[60] Ver Burke e Nelson, op.cit.

Oposição ao *downsizing*

Diversos autores fazem duras críticas à adoção do *downsizing*. A primeira delas refere-se aos empregos perdidos, cuja perspectiva de recuperação é, no mínimo, duvidosa. Mesmo os funcionários que conseguem continuar no mercado raramente o fazem com as mesmas vantagens anteriores.

Para aqueles que permanecem, os efeitos perversos são múltiplos: carga de trabalho aumentada, implicando longas horas de trabalho; obrigação de realizar trabalhos para os quais não foram treinados; elevado nível de estresse; e impacto negativo na produtividade. A confiança na relação empregado-empregador e a satisfação do empregado dIminuem. Há, ainda, um medo latente de ser o próximo a perder o emprego. Pode haver, também, fuga emocional, manifestações de cinismo e mesmo *burnout*[61].

Os efeitos não se fazem sentir apenas no nível operacional mas também no nível da gerência. Alguns gerentes relatam problemas como aumento da carga de trabalho, aumento do número de empregados a serem supervisionados, redução na segurança do emprego, menos oportunidades de promoção e menor mobilidade. Dizem que se tornaram mais críticos, alienados e mesmo apáticos, culpando-se por danos aos colegas. Os críticos concluem que os gerentes, após a restruturação, passam a dar mais ênfase a suas carreiras do que aos objetivos organizacionais[62].

Destroem-se, assim, a confiança e o *empowerment*, as qualidades mais necessárias a um ambiente de alto envolvimento e qualidade total, de que as empresas necessitam para construir e manter vantagem competitiva[63].

---

61 Kets de Vries e Balazs,op.cit.; Mishra, Spreitzer, Mishra, op.cit, Wagar, op.cit.

62 Mishra, Spreitzer, Mishra, op.cit; Noer, op.cit; Useem e Cappelli, op.cit; Tomasko, 1990, op. cit.; Wagar, op.cit.

63 O'Reilly, B. The new deal: what companies and employees own one another. *Fortune*, Jun 13, p.28-33, 1994; Wagar, T.H. Factors affecting permanent workforce reduction: evidence from large Canadian organizations. *Revue Canadienne des Sciences de l'Administration*, v.14, n.3, p.303-314, 1997.

Do ponto de vista da empresa, as perdas também são significativas. Alguns autores referem-se ao *downsizing* como uma estratégia superficial e de curto prazo que deixa de questionar a forma como a empresa conduz seus negócios.

Há perda de talentos e habilidades importantes na hora em que são mais necessários. Torna-se difícil recuperar-se a memória da empresa. Em muitas situações, os primeiros a deixar a empresa são justamente os melhores empregados.

De acordo com os críticos, como muitas vezes há demissões exageradas, as empresas se vêem na constrangedora posição de recontratar ex-funcionários como consultores. Os empregados em função de *staff*, por exemplo, são substituídos por consultores muito mais caros. Em outros casos, a empresa é obrigada a recontratar funcionários demitidos, em tempo parcial ou tempo integral[64]. O número de empregados contratados em tempo integral pode, portanto, diminuir, mas isso não significa que as despesas com pessoas diminuam[65].

Além disso, as empresas que passam por processos de *downsizing* podem ter, posteriormente, dificuldade em contratar novos profissionais, uma vez que ficam com "má fama" no mercado[66].

Para os acionistas, a posição não é melhor. Um estudo[67] realizado com 16 empresas, cujas ações encontravam-se tipicamente em baixa, indica que, no dia do anúncio do plano de *downsizing*, as ações subiram, para depois começarem a cair lentamente. Dois anos após o anúncio, as ações de doze das dezesseis empresas estavam sendo negociadas a valores abaixo da média da indústria em percentuais que variavam de 5 a 45%.

---

[64] Cascio (op.cit.) cita um caso interessante de uma empresa que demitiu um contador que ganhava US$ 9,00/hora. Como boa parte da memória da empresa, "onde, porque e como" (p.99), estava na cabeça deste empregado, a empresa foi obrigada a recontratá-lo com o título de consultor ao preço de US$ 42,00/hora.

[65] Cascio, op.cit.

[66] Kets de Vries e Balazs, op.cit.; Mishra, Spreitzer, Mishra, op.cit.

[67] Cascio, op.cit.

Conforme a pesquisa[68] realizada em 1995 com 1.034 empresas canadenses, os principais problemas relatados e relacionados aos empregados foram decréscimo na moral, menor lealdade à empresa e menor satisfação no trabalho (Tabela 2.2).

Tabela 2.2
Problemas Relacionados ao *Downsizing* em Empresas Canadenses

Problemas com os funcionários	%
Decréscimo na moral	61
Menor lealdade à empresa	50
Menor satisfação no trabalho	37

Fonte: Burke e Nelson, op.cit.

Alguns autores investigam a influência de moderadores nos processos de *downsizing*[69]. Moderadores indicam que efeitos – positivos ou negativos – do *downsizing* podem ser alterados em função de ações como comunicação organizacional, justiça distributiva e processual ou, ainda, em função de algumas características individuais como ética para o trabalho ou grau de identificação com os desligados. No entanto, como boa parte dos estudos acadêmicos sobre implicações do *downsizing* relata experiências negativas, a análise desses moderadores busca, na verdade, encontrar atenuantes para esses efeitos[70].

---

[68] Burke e Nelson, op.cit.

[69] Armstrong-Stassen, M. Survivors' reactions to a workforce reduction: a comparison of blue-collar workers and their supervisors. *Revue Canadienne des Sciences de l'Administration*, v.10, n.4, p.334-345, 1993; Armstrong-Stassen, M. The effect of gender and organizational level on how survivors appraise and cope with organizational downsizing. *Journal of Applied Behavioral Science*, v.34, n.2, p.125-142, 1998; Brockner, J. *et al.* Survivors' reactions to layoffs: we get by with a little help of our friends. *Administrative Science Quarterly*, v.37, p.241-261, 1992; Brockner, J., Grover, S. e Blonder, M. Predictors of survivors' job involvement following layoffs: a field study. *Journal of Applied Psychology*, v.7, n.3, p.436-442, 1988; Caldas, M.P. Demissão, plural e singular: um estudo sobre enxugamentos de pessoal no nível organizacional e sobre perda de emprego no nível individual. São Paulo: EAESP/FGV, 1998. Tese (Doutorado em Administração de Empresas); Cameron, 1994b apud Wagar, op.cit.

[70] Ver, por exemplo, no caso brasileiro, a tese de doutorado de Caldas (op.cit.).

Um processo controverso

As correntes de opositores e defensores mostram o quanto o processo de *downsizing* é controverso. Evidências de melhorias para a empresa em termos de estrutura e organização do trabalho são bastante eloqüentes. As de melhoria de desempenho são, contudo, discutíveis.

As controvérsias não se limitam à eficiência e à produtividade da empresa, como também a questões de ordem estrutural, como a relação – objetiva ou subjetiva – entre empregado e empresa. Se, por um lado, funcionários precisam de mais treinamento e mais habilidades para executar as novas funções exigidas, por outro lado, há menos disposição das empresas em investir no treinamento e formação de sua força de trabalho[71]. A questão da autonomia e responsabilidade impõe ao empregado demandas sobre sua "consciência"[72] que são mais típicas de um relacionamento mais estável com a empresa. Tem havido, todavia, o movimento contrário, em que as relações com a empresa tendem, em verdade, a ser frágeis e até transitórias.

Do ponto de vista do empregado, são muitas as pesquisas que relatam malefícios tanto para os desligados quanto para os remanescentes. Uma parcela de autores indica, entretanto, melhorias para os remanescentes.

Ou seja, além de controverso, o processo de *downsizing* parece conter um paradoxo: é maléfico e, ao mesmo tempo, benéfico. Kilborn[73] indica que os empregados trabalham de "forma mais inteligente, mais arduamente, de forma mais flexível, mais cooperativamente... mas também com mais medo".

Portanto, as pesquisas indicam direções diferentes e apresentam um leque de contradições a ser resolvido.

---

[71] Cappelli, P. The effect of restructuring on employees. In: Capelli, P. et al., op.cit.

[72] Do inglês, *conscientiousness*.

[73] Kilborn, apud Useem e Cappelli, op.cit., p.60.

PLANEJAMENTO E IMPLEMENTAÇÃO: CUIDADOS A SEREM TOMADOS

Há vários aspectos a serem considerados quando se pensa em implantar um programa de *downsizing*. Questões como, por exemplo, comunicação do plano, critérios para desligamento e pacote de benefícios devem ser antecipadamente pensadas. Problemas inevitavelmente ocorrerão, mas as experiências de outras empresas e os estudos já realizados sobre o tema podem trazer uma boa orientação.

Características dos programas bem-sucedidos

Alguns estudos foram realizados com o objetivo de identificar quais os fatores importantes e as melhores práticas nas implementações de tais programas. Faremos aqui uma síntese de três pesquisas realizadas nos Estados Unidos.

A proposta de Cameron, Freeman e Mishra

A partir de um estudo de quatro anos, que abrangeu 30 empresas americanas do setor automobilístico, Cameron, Freeman e Mishra[74] indicam as seis melhores práticas de *downsizing:*

- *Nas empresas mais bem-sucedidas, os processos de downsizing foram indicados pela alta gerência, mas receberam auxílio da base da pirâmide.* As equipes identificaram cargos redundantes, processos que poderiam ser melhorados e deram sugestões para a implementação do plano. Tal colaboração foi possível porque os empregados entendiam as razões para o *downsizing*, tiveram seus empregos garantidos por um período determinado de tempo – mesmo que recomendassem a eliminação de seu próprio posto de trabalho – e confiavam na implantação de um programa justo.

[74] Cameron, Freeman e Mishra, op.cit.,

Em uma das organizações, por exemplo, os empregados cujos cargos foram eliminados tiveram um ano de salário garantido. Esse período foi dedicado à busca de uma nova posição – dentro da empresa – que efetivamente adicionasse valor, ou à busca de novo trabalho fora da empresa.

- *Nas empresas mais bem-sucedidas, os processos de downsizing eram de curto prazo e afetavam toda a empresa, mas eram, também, de longo prazo e seletivos na escolha dos objetivos.* Os cortes generalizados implantados no curto prazo fazem com que a empresa "acorde" e os empregados entendam que a situação mudou. Ocorre, no entanto, que estratégias que enfocam apenas o curto prazo têm menos sucesso do que estratégias que combinam o curto e o longo prazos. As empresas mais bem-sucedidas implementaram uma combinação de estratégias de curto prazo (dispensa de empregados) e programas de longo prazos (redesenho organizacional e mudanças sistêmicas que objetivam a mudança na cultura da empresa).

- *Nas empresas mais bem-sucedidas, os processos de downsizing deram atenção tanto aos desligados quanto aos remanescentes.* A atenção aos desligados foi dada com indenizações, programas de *outplacement*, retreinamento e aconselhamento familiar. Mas quem continuou na empresa também mereceu atenção. Durante a transição, realizou-se um amplo trabalho de esclarecimento, aos remanescentes, sobre as razões e circunstâncias do *downsizing*. Esses funcionários foram também incentivados a informar e a dar *feedback* sobre o processo.

- *Nas empresas mais bem-sucedidas, os processos de downsizing enfocaram tanto a empresa quanto sua rede externa de relacionamentos.* Algumas empresas realizaram cortes focados dentro da empresa, escolhendo como áreas-alvo locais onde havia ineficiência e excesso de custos. Mas a rede de relacionamentos externos também foi atingida, com redução do número de fornecedores e até de distribuidores. Em uma das empresas analisadas, por exemplo, em vez de trabalhar com 28 fornecedores separados para a montagem de um componente elétrico, contrataram um único fornecedor para a entrega do sistema já montado.

- *Nas empresas mais bem-sucedidas, os processos de downsizing resultaram em unidades semi-autônomas e, ao mesmo tempo, em unidades centralizadoras.* As pequenas unidades têm o benefício da agilidade, as grandes obtêm benefícios pelos ganhos de escala e integração. Uma das grandes empresas analisadas dividiu-se em três unidades semi-autônomas. Cada uma tinha controle sobre os recursos de que necessitava para produzir seus produtos. Ao mesmo tempo, algumas funções foram centralizadas na matriz, como, por exemplo, finanças e pessoal.
- *Nas empresas mais bem-sucedidas, os processos de downsizing foram vistos como meios para atingir determinados fins e como fins em si mesmo.* Essas empresas trataram o *downsizing* como uma de suas estratégias. Havia um duplo olhar: *downsizing* como objetivo de curto prazo e também como parte de um empenho para a melhoria contínua a longo prazo.

Uma das conclusões mais interessantes deste estudo é a de que os processos mais bem-sucedidos têm características contraditórias, duais e paradoxais, com movimentos realizados num determinado sentido e, ao mesmo tempo, em sentido contrário[75]. Curiosamente, as empresas que procuraram harmonia no processo não obtiveram resultados tão bons quanto aquelas que aceitaram a contradição.

[75] É ilustrativo o exemplo da Embratel. A empresa esperava que cerca de 1,5 a 2 mil funcionários aceitassem entrar no plano de demissão voluntária. Objetivava-se atingir pessoas que trabalhassem em cargos extintos, em extinção ou terceirizados. Ao mesmo tempo, deveriam ser contratados cerca de dois mil novos funcionários para atuarem nas centrais de atendimento (Costa, op.cit.).

A proposta de Mishra, Spreitzer e Mishra

Para Mishra, Spreitzer e Mishra[76], as estratégias que visam apenas à redução de pessoal a curto prazo tendem a ser menos efetivas que aquelas mais abrangentes, que identificam redundâncias e ineficiências e repensam a cultura, a estrutura e os sistemas organizacionais. Esses autores dizem que a implementação bem-sucedida é aquela que preserva a confiança e o *empowerment,* e tem planejamento detalhado.

O *downsizing* deve ser o último dos recursos a ser considerado, depois de descartadas opções como eliminação de bônus, corte nos pagamentos, restrições de horas extras, congelamento de salários e contratações. Não deve ser considerado um objetivo de curto prazo e deve integrar-se à visão de que sua adoção pode criar vantagens competitivas. Essa visão dá direcionamento e sentido de futuro aos empregados.

Durante o planejamento do *downsizing,* todas as partes afetadas devem ser consideradas: remanescentes, desligados e comunidade. Os autores sugerem formar uma equipe que represente os diversos interesses, composta, por exemplo, por funcionários das áreas de recursos humanos, operações e finanças. Os gerentes devem ser treinados para comunicar o *downzising* de forma empática e convincente, bem como para lidar com os empregados que deixarão a empresa e com aqueles que permanecerão.

Durante o anúncio do plano é fundamental: (a) ser honesto ao apresentar as razões para o *downsizing*; (b) comunicar a visão de futuro da organização e (c) oferecer um pacote de benefícios aos que serão desligados.

A implementação do plano deve incluir: (a) manutenção do nível de comunicação constante; (b) ajuda para conseguir outro emprego; (c) justiça no tratamento dos empregados; (d) permis-

---

[76] Mishra, Spreitzer e Mishra, op. cit.

são para o desligamento ou aposentadoria voluntária; (e) envolvimento dos empregados no redesenho de cargos e tarefas; (f) promoção de aconselhamento de carreira e (g) treinamento de supervisores para a nova situação.

A proposta de Feldman e Leana

Feldman e Leana[77] indicam que, embora sempre doloroso, o processo de *downsizing* pode ser conduzido com o objetivo de reduzir as conseqüências negativas para a empresa e facilitar a procura de um novo emprego pelos desligados. Sugerem oito cursos de ação:

- *Comunicação do plano:* os gerentes, de forma geral, evitam o anúncio antecipado de programas de redução de pessoal com medo de sabotagem e queda de produtividade. Entretanto, se a economia atravessa um período recessivo, os empregados não têm outra alternativa a não ser continuar trabalhando. Além disso, se os empregados souberem antecipadamente o que vai acontecer, terão tempo hábil para se acostumar com a mudança e poderão se preparar para procurar um novo emprego.

- *Pagamento de indenização por rescisão do contrato de trabalho e extensão de benefícios:* a importância da indenização e da extensão de benefícios é claramente a de oferecer ao empregado tranqüilidade na procura de novos caminhos, que podem ser: procura de um novo emprego, investimento em retreinamento ou mesmo abertura de um negócio próprio.

- Serviço de *outplacement:* o conceito de *outplacement* abrange serviços variados, como auxílio para escrever um *curriculum vitae*, sessões de aconselhamento de carreira, treinamento para entrevistas e até montagem de uma base de operações com salas, mesas e telefones que facilitem a obtenção de outro emprego ou a procura de uma nova atividade.

---

[77] Feldman, D.C. e Leana, C.R. Managing layoffs: experiences at the Challenge disaster site and the Pittsburgh Steel Mills. *Organizational Dynamics*, v.18, n.1, p.52-64, 1989.

- *Treinamento adicional:* a iniciativa de oferecer treinamento aos desligados pode ser particularmente importante para aqueles empregados que saem de indústrias ou funções em declínio. O redirecionamento da profissão é necessário neste caso, pois provavelmente um emprego similar ao perdido já não existe mais. Além disso, o treinamento ocupa parte do tempo do ex-empregado, faz com que mantenha uma atividade rotineira, estrutura seu dia e proporciona mais oportunidades de contato social.

- *Tratamento justo e cortês para os dispensados:* funcionários desligados devem receber tratamento justo e cortês. Dois aspectos merecem ser destacados: que eles recebam uma explicação clara sobre os critérios adotados na seleção dos empregados dispensados e que sejam tratados com dignidade e consideração

- *Tratamento construtivo para os remanescentes:* o baixo moral e a redução da produtividade dos remanescentes são problemas que a gerência costuma enfrentar. Remanescentes podem culpar a supervisão por demissões ocorridas, ter sentimentos de raiva e medo de serem os próximos dispensados. Como, muitas vezes, os empregados demitidos têm laços de amizade dentro da empresa, a gerência deve evitar comentários desmerecedores sobre eles.

- *Trabalho cooperativo com os sindicatos:* os sindicatos devem compreender que, em horas difíceis, é mais importante trabalhar com a empresa, de forma a manter empregos, do que permanecer na histórica posição de reivindicação de melhores condições e salários.

- *Demonstração de responsabilidade social para com a comunidade:* quando a empresa decide fechar determinada fábrica, deve procurar agir de forma a reduzir o impacto na comunidade local.

Critérios para o desligamento

Uma das questões com que se deparam os responsáveis pela implementação dos programas de *downsizing* é a seleção dos funcionários a serem desligados. As abordagens podem ser diversas: demissão orientada por um sistema de avaliação de desempenho, fechamento de uma unidade – uma planta ou um escritório –, dispensa de empregados de um departamento, dispensa de todos os funcionários de determinados cargos, seleção segundo critérios compatíveis com os valores da organização, oferecimento a todos os empregados de um plano de demissão incentivada, oferecimento de plano de demissão incentivada a funcionários de apenas algumas áreas ou uma combinação das opções anteriores[78,79].

Cada abordagem apresenta problemas específicos. Demissões que levam em conta o desempenho do empregado, por exemplo, dependem de um sistema de avaliação eficiente e com dados confiáveis, o que nem sempre é possível[80]. Já nos planos de demissão voluntária, não há como controlar a saída de pessoas-chave para a empresa[81]. Mesmo que se faça um esforço para

[78] Algumas notícias recentes acerca de empresas brasileiras podem exemplificar. Segundo relato feito por D'Ambrosio e Melo (op.cit.), a Santa Marina, tendo que demitir 6% de seu pessoal, considerou "aspectos sociais" ao dispensar primeiramente os aposentados, seguidos dos solteiros e considerar apenas, em último caso, os funcionários com famílias. No caso da Embratel, cujo plano foi anunciado em outubro de 1998, objetivou-se atingir os cargos extintos ou em extinção, como motoristas, auxiliar de serviços gerais e mecânicos de automóveis. Outros cargos alvo do programa seriam aqueles inseridos em funções passíveis de serem terceirizadas (Costa, op.cit.). A Petrobrás, por sua vez, aplicou um plano de demissão voluntária de maio a junho de 1998 apenas em áreas onde havia excedente de pessoal. As pessoas que por ele optaram pertenciam às áreas de apoio administrativo e apoio operacional (Ordoñez, R. Programa de demissão voluntária da Petrobras reduz em 885 os empregados. *Gazeta Mercantil*, São Paulo, 13.08.1998).

[79] Tomasko, 1991, op.cit.

[80] Ibidem.

[81] Ibidem.

sinalizar a importância de ficarem, não se pode garantir que ficarão[82].

A compreensão dos critérios de seleção é, também, fator importante a ser considerado. Gerentes de nível médio podem ter dificuldade em aderir à nova estratégia da empresa, se os cortes não forem compreendidos e não tiverem um "sentido estratégico"[83]. A falta de informação pode abrir espaço para a falta de credibilidade nas ações da companhia e para a disseminação de segundas interpretações.

Opções de benefícios

Empresas que realizam programas de *downsizing* oferecem, via de regra, um conjunto de vantagens que se adiciona aos direitos previstos pela legislação trabalhista. São motivos para o oferecimentos desses benefícios: preocupação humanitária, desejo de evitar censura da comunidade e preocupação com o moral dos remanescentes[84].

Dentre os possíveis benefícios a serem oferecidos pelas empresas, encontram-se[85]:

- indenizações financeiras – normalmente proporcional ao número de anos trabalhados na empresa;
- aconselhamento;
- *outplacement;*

---

[82] Illes, a título de ilustração, relata que, com o fechamento da planta de Utah, os engenheiros foram convidados a trabalhar na fábrica da Califórnia. O alto custo de vida do local fez, todavia, com que recusassem a oferta e aceitassem como alternativa apenas o estado do Novo México, mesmo assim com incentivos adicionais para a mudança. (Illes, L.M. *Chronicle of a plant closing.* Ithaca: Cornell University Press, 1996).

[83] O'Neill, H.M. e Lenn , D.J. Voices of survivors: words that downsizing CEOs should hear. *Academy of Management Review*, v.9, n.4, p.23-34, 1995, p.26.[84] Tomasko, 1990, op. cit.

[85] Greenberg, op.cit.; Rolfe, E. Four years of downsizing. *Management Review*, January, p.34-35, 1991; Tomasko, 1990, op.cit.

- treinamento (dentro da empresa e fora);
- prorrogação de alguns benefícios[86];
- possibilidade de continuar participando do plano de seguridade social;
- outros, como, por exemplo, auxílio à formação de pequena empresa.

Uma pesquisa da American Management Association, realizada em 1990, indica que, aproximadamente, metade das empresas que implantaram programas de *downsizing* ofereceu serviço de *outplacement*, 37,2% ofereceram indenizações, 27,1% estenderam o plano de saúde e 12,9% ofereceram treinamento[87].

Sugere-se, ainda, que as empresas auxiliem os funcionários desligados na preparação de currículos, que os orientem quanto a como se comportar em entrevistas e ofereçam cartas a futuros empregadores esclarecendo que a demissão foi motivada por uma crise, não tendo qualquer ligação com sua competência[88].

A empresa não pode, entretanto, achar que a oferta de um amplo pacote de benefícios assegura a resolução dos problemas associados ao *downsizing*. Há que se considerar que um pacote

---

[86] Por exemplo: plano de saúde.

[87] No caso brasileiro, alguns exemplos podem ser ilustrativos. A BS Continental, multinacional alemã, fabricante de geladeiras e fogões, ofereceu a extensão da assistência médica por um período de quatro meses e também mais quatro meses de cesta básica (*Gazeta Mercantil*, 28.07.98, p.C-1). A Santa Marina cortou, em agosto de 1998, cerca de 6% de seu pessoal. Ofereceu aos trabalhadores além dos direitos trabalhistas, 25% de salário por cada ano trabalhado, cesta básica por um período adicional de dois meses e prorrogação da assistência médica por dois meses. A Globo Cabo, por sua vez, ao demitir 300 pessoas, instalou um centro de orientação de carreira, com o objetivo de fornecer informações sobre o mercado de trabalho, atuar como apoio psicológico e ministrar seminários (D'Ambrosio e Melo, op.cit.). A HP, com o objetivo de reduzir pessoal, pretendia aplicar um programa de demissão incentivada, que, nos Estados Unidos, ofereceria uma indenização de seis meses de trabalho e um pagamento adicional de 0,5 salários por ano trabalhado, limitado ao máximo de 12 meses de pagamento (*Gazeta Mercantil*, 05.10.98, p. C-2).

[88] D'Ambrosio e Melo, op. cit.

único de benefícios – mesmo que bem-intencionado – pode deixar de atender às necessidades de cada grupo afetado.

Divulgação do plano

Outro ponto a ser considerado no processo de *downsizing* é a divulgação do plano. Justificam o cuidado com esta etapa: a importância do entendimento correto da mensagem por todos os empregados, a necessidade de evitar rumores prejudiciais e a consideração com os empregados que podem não gostar da notícia, mas, ao menos, devem estar cientes da situação[89].

No contexto de uma mudança organizacional de grande impacto como o *downsizing,* Smeltzer propõe um modelo em que a natureza da mudança e a dinâmica da organização orientem as decisões estratégicas de divulgação. O canal, a mensagem e o momento certo são fatores a serem considerados na estratégia (Figura 2.2).

Figura 2.2
Modelo para Divulgação de Mudança Organizacional de Grande Impacto

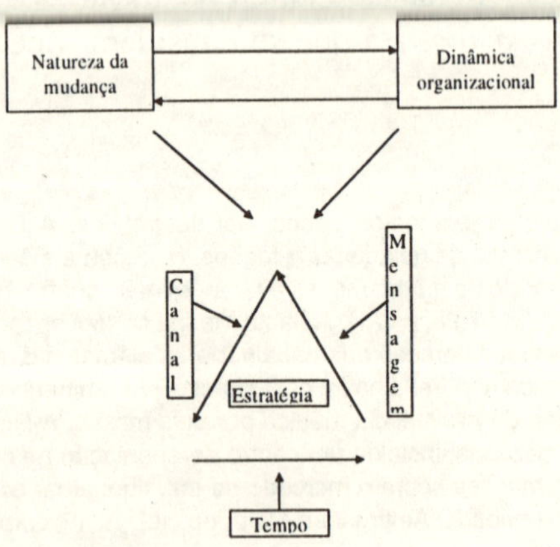

Fonte: Smeltzer, L.R. An analysis of strategies for announcing organization-wide change. *Group & Organizations Studies*, v.16, n.1, p.5-24, 1991.

[89] Tomasko, 1990, op.cit.

A comunicação de uma mudança que afeta grande contingente de empregados deve ser tratada de forma diferente de outra cujos efeitos se fazem sentir sobre um pequeno número de funcionários. Quanto maior o efeito[90], mais negativa é a percepção do processo, o que exige explicações mais elaboradas[91].

Mudanças controversas podem exigir explicações persuasivas e, por isso, devem-se oferecer diversas oportunidades para perguntas e respostas[92]. Explicações para a necessidade de um programa de desligamento são importantes principalmente nos casos em que os remanescentes têm dúvida sobre a necessidade do *downsizing*, quando eles temem que haja novos desligamentos e quando mantêm relações fortes com os desligados[93].

Há de se ter especial cuidado para informar a toda a empresa o pacote de benefícios – serviços de *outplacement*, indenizações ou outros – oferecido aos desligados. Remanescentes reagem de forma negativa se julgarem a compensação dos desligados inadequada.

Também devem ser observados, no ato da divulgação do plano, aspectos relativos à dinâmica da organização, tais como cultura e clima organizacional. Infringir padrões de comportamento pode provocar suspeitas e dar origem a boatos[94,95].

Outros pontos relevantes são: a mensagem, o canal e o momento. O estilo da mensagem, nos casos de *downsizing*, tem, pro-

---

[90] O modelo considera apenas mudanças consideradas negativas.

[91] Smeltzer, L.R. An analysis of strategies for announcing organization-wide change. *Group & Organizations Studies*, v.16, n.1, p.5-24, 1991.

[92] Brockner *et al*,1987, op.cit.

[93] Brockner *et al*, 1990, apud Taylor, M.S. e Giannantonio, C.M. Forming, adapting and terminating the employment relationship: a review of literature from individual, organizational & interactionist perspectives. *Journal of Management*, v.19, n.2, p.461-515, 1993.

[94] Smeltzer, op.cit.

[95] Illes (op.cit.) indica que o presidente tinha por hábito fazer visitas à fábrica com reuniões regulares para comunicações gerais. Quando estas visitas foram canceladas por um tempo, rumores se iniciaram com especulações diversas ocupando as conversas e reuniões.

vavelmente, caráter mais autoritário e menos persuasivo, uma vez que se trata de decisão já tomada.

A escolha do canal depende da riqueza de divulgação necessária. Algumas sugestões para tempos de crise são: edições especiais do jornal interno, *video tape* de um pronunciamento do principal executivo, reuniões de gerentes com suas equipes e visitas dos principais executivos às plantas para reuniões especiais[96]. Um folheto com respostas às perguntas mais freqüentes pode ser de grande utilidade. Reuniões regulares são outra forma de manter os empregados informados, obter *feedback* para o que está ocorrendo, além de servir como fórum para que frustrações e sentimentos negativos possam se manifestar[97].

A ocasião certa para a divulgação de um plano de desligamento é outro fator a ser considerado, já que decisões importantes freqüentemente dão origem a rumores. Esse cuidado é particularmente importante quando a divulgação se estende à mídia. Os empregados precisam saber que pode haver repercussão negativa nos meios de comunicação. Caso contrário, a gerência pode perder a credibilidade, correndo o risco de ter informações incorretas disseminadas e de os empregados serem levados a pensar que a gerência não confia neles. Todo o processo pode ser prejudicado, também, se houver discrepância entre as notícias anunciadas internamente e externamente[98].

Percepção de justiça

A justiça associada às organizações pode ser classificada em: justiça no procedimento, ou justiça processual, e justiça na distribuição, ou justiça distributiva[99]. A justiça processual diz respeito

96 Hauss, D. Giving employees bad news. *Public Relations Journal*, v.49, n.12, p.18-23, 1993.

97 Illes, op.cit.

98 Hauss, op.cit.; Illes, op.cit.; McClelland, V. Mixed signals breed mistrust. *Personnel Journal*, March, P.24-27, 1987; Smeltzer, op.cit.

99 Em comentário posterior DeWitt, Trevino e Mollica (op.cit.) argumentam que, muitas vezes, as duas noções se superpõem, indicando que parece ser de menor importância, nos casos de redução de pessoal, essa categorização.

aos meios usados para atingir determinados fins, e a justiça distributiva relaciona-se com os fins atingidos[100].

Assim, no que se refere ao *downsizing*, justiça distributiva relaciona-se, por exemplo, ao auxílio na recolocação de empregados, indenizações monetárias ou outros benefícios[101]. Justiça processual diz respeito ao processo de implementação do *downsizing*[102] e pode ser exemplificada por meio de programas realizados com objetividade, sem interesses espúrios, baseados em informações acuradas, com oportunidades para a correção de erros, com representação de todas as partes interessadas e obediência a padrões éticos e morais [103].

Variáveis relativas à interação foram também estudadas e consideradas importantes na percepção de justiça[104]. Assim, surgem questões como clareza e adequação das explicações[105] e grau de dignidade e respeito no tratamento dos empregados[106].

Empresas que realizam programas de *downsizing* sabem que estão dando más notícias a seus empregados. As reações negativas naturalmente surgem, amplificam-se ou amortecem de acordo com a forma como o processo é conduzido. Remanescentes e desligados reagem de forma mais favorável às conseqüências negativas, nos casos em que há percepção de justiça, do que nos casos em que percebem uma condução inadequada do proces-

---

[100] DeWitt, Trevino e Mollica, op.cit.; Tang, T. e Sarsfield-Baldwin, L.J. Distributive and procedural justice as related to satisfaction and commitment. *SAM Advanced Management Journal*, p.25-31, Summer 1996.

[101] DeWitt, Trevino e Mollica, op.cit.

[102] Ibidem.

[103] Leventhal, Karuza e Fry apud Brockner, 1994, op.cit.; Leventhal, 1980 apud DeWitt, Trevino e Mollica, op.cit.

[104] Também denominada justiça na interação (*interactional justice*). Segundo DeWitt, Trevino e Mollica (op.cit.) trata-se de aspectos da justiça no procedimento, que recebe, por vezes, a denominação, à parte, de *interactional justice*.

[105] Armstrong-Stassen, 1998, op.cit.

[106] Shapiro, Buttner e Barry, 1994 apud DeWitt, Trevino e Mollica, op.cit.

so[107]. Alguns estudos[108] indicam, por exemplo, uma relação positiva entre atributos de justiça distributiva e justiça processual e o comprometimento afetivo dos funcionários.

Em outras palavras, remanescentes e desligados têm menos razões para reagir negativamente ao *downsizing* se os executores do processo divulgam a decisão com clareza, agem sem segundos interesses, permitem correções no rumo do programa, consideram todas as partes afetadas e pautam-se pela ética, com consideração e sensibilidade.

Em programas de desligamento voluntário, as questões de justiça explicam melhor as reações dos empregados não elegíveis do que a dos elegíveis. Por exemplo, a implementação de programas objetivos, consistentes e éticos é particularmente importante para empregados não elegíveis. Os funcionários estão interessados não apenas naquilo que acontece a eles, como também a seus colegas. Se outras pessoas são tratadas de forma justa, pode-se esperar tratamento similar no futuro. Esse raciocínio é importante nos casos em que os empregados não elegíveis esperam novas reduções na força de trabalho[109].

Comportamento dos executores

Os programas de redução de pessoal exercem grande pressão sobre os gerentes. A demanda que a situação de dispensa impõe pode ser extremamente estressante. Além de exercer suas funções, gerentes executores são obrigados a lidar com um aumento da carga de trabalho e com a responsabilidade de conduzir seus subordinados durante o processo[110].

---

[107] McFarlin, D.B. e Sweeney, P.D. Distributive and procedural justice as predictors of satisfaction with personal and organizational outcomes. *Academy of Management Journal*, v.35, n.3, p.626-637, 1992.

[108] Brockner *et al*, 1987, op. cit.; DeWitt, Trevino e Mollica, op.cit.

[109] DeWitt, Trevino e Mollica, op.cit.

[110] Wright, B. e Barling, J. "The executioners' song": listening to downsizers reflect on their experience. *Canadian Journal of Administrative Sciences*, v.15, n.4, p.339-355, 1998.

Para se protegerem, alguns gerentes se distanciam dos empregados, o que piora a situação. Esse distanciamento pode tornar-se evidente num dos momentos mais críticos de todo o processo: a comunicação da dispensa. Ou seja, o gerente se distancia da situação e, ao mesmo tempo, do empregado a ser dispensado[111].

Alguns autores estudaram este comportamento, enfocando o tempo que os gerentes dedicam aos empregados para lhes informar sobre as demissões. Se há uma percepção de que a demissão ocorre por problemas de competência gerencial, os gerentes tendem a evitar a situação, o que se reflete no pouco tempo dedicado à divulgação da demissão, como forma de escapar de situações adversas[112].

As reações dos empregados, por sua vez, quer sejam remanescentes ou desligados, estão ligadas à forma como os gerentes conduzem as etapas difíceis. Há menos reações negativas à situação quando os funcionários percebem que os gerentes oferecem explicações adequadas, preocupam-se com o destino deles e expressam suas emoções.

APÓS O *DOWNSIZING*: NOVAS QUESTÕES

As principais questões relativas à fase posterior à implementação de um programa de *downsizing* dizem respeito a impactos na produtividade da empresa, nos remanescentes e nos executores.

Impacto na produtividade

Vários estudos mediram o impacto do *downsizing* na produtividade e no moral dos empregados. Um deles foi realizado pela American Management Association nos anos de 1993 e 1995. Seus resultados encontram-se na Tabela 2.3. Aproximadamente 50%

---

[111] Folger, R. e Skarlicki, D.P. When tough times make tough bosses: managerial distancing as a function of layoff blame. *Academy of Management Journal*, v.41, n.1, p.79-87, 1998.

[112] Ibidem.

das empresas pesquisadas relataram perda na produtividade ou nenhum ganho. Em 85% delas, o moral dos empregados declinou após o *downsizing*.

Tabela 2.3

Impactos do *Downsizing* nos Lucros, na Produtividade e no Moral dos Empregados de Empresas Norte-Americanas

	Aumentou	Permaneceu constante	Diminuiu
Pesquisa de 1993			
Lucro operacional	49,9%	27,4%	22,8%
Produtividade do empregado	35,8%	40,8%	23,5%
Moral do empregado	2,4%	13,4%	84,1%
Pesquisa de 1995			
Lucro operacional	50,6%	29,1%	20,4%
Produtividade do empregado	34,4%	35,5%	30,1%
Moral do empregado	1,9%	12,1	86,%

Fonte: Mabert, V.A. e Schmenner, R.W. Assessing the roller coaster of downsizing. *Business Horizons*, p.45-53, Jul.-Aug.1997.

Outro estudo, com base no desempenho de oito empresas, aponta algumas categorias de benefícios e custos potenciais:

- Os principais custos diretos relativos ao *downsizing* são as indenizações pagas aos empregados. Porém, se a redução do número de funcionários tem como conseqüência a necessidade de investimentos em automação ou em sistemas de informação, esses devem ser considerados.
- Cortar salários é um dos principais motivos para o *downsizing*. Se há, porém, contratação de outro tipo de mão-de-obra para compensar a ausência dos empregados, essa economia se perde.

- O custo da contratação de consultores ou mesmo da recontratação de parte da mão-de-obra dispensada é ponto nem sempre considerado.
- A produtividade por empregado pode crescer como diminuir. Empresas que analisaram seus processos antes de demitir funcionários foram as que obtiveram maior aumento de produtividade dos empregados. Aquelas que optaram por demissões sem uma análise prévia de suas ineficiências registraram maior queda da produtividade, tanto em função das habilidades perdidas quanto do despreparo de outros funcionários para executar o trabalho.
- Há, além disso, uma gama de custos ocultos que deve ser considerada: pagamento de horas extras, custo de oportunidades perdidas e mesmo o custo de manutenção da qualidade, que exige um aumento no número de horas de retrabalho.

Outras pesquisas relatam resultados semelhantes no que se refere à produtividade e ao impacto sobre os funcionários. Um estudo da Society for Human Resource Management[113] indica que mais da metade das 1.468 empresas consultadas relatou que a produtividade por empregado permaneceu igual ou diminuiu após o programa de *downsizing*. Muitas empresas investigadas indicaram, ainda, deterioração da qualidade, da produtividade, da eficácia e dos indicadores de relações humanas.

Um estudo da American Management Association, com cerca de 700 empresas que passaram por um ou mais processos de *downsizing* no período de 1989 a 1994, indicou que, se os lucros operacionais cresceram, o moral dos empregados diminuiu substancialmente, como pode ser verificado na Tabela 2.4.

---

[113] Cascio, op.cit.

Tabela 2.4

Efeitos após o *Downsizing* segundo Pesquisa em Empresas Norte-Americanas

	Diminuiu (%)	Permaneceu constante (%)	Aumentou (%)
Lucros operacionais	20%	29%	51%
Produtividade do trabalhador	30	36	34
Moral do empregado	86	12	2

Fonte: Katz, H. Downsizing and employment insecurity. In: Capelli, P. et al. *Change at work*. New York: Oxford University Press, 1997.

Impacto nos remanescentes

O conjunto de problemas relativos aos remanescentes é de tal ordem que se cunhou o termo "síndrome do sobrevivente" para referir-se aos inúmeros impactos sobre os que ficaram[114]. Estes efeitos não estão relegados ao nível dos operários e podem ser observados em funções mais qualificadas e mesmo no nível gerencial.

Uma das críticas mais contundentes é a de que pesquisas sobre *downsizing* pouco se importam com a experiência emocional dos funcionários. Eles seriam tratados de forma muito abstrata , "considerados mais como passivos do que como ativos"[115], e como "custos a serem cortados, em vez de ativos a serem desenvolvidos"[116].

Remanescentes sofrem de problemas como depressão, ansiedade, perda de motivação para qualquer trabalho adicional, baixo moral, ensimesmamento e aversão ao risco. Desenvolvem um profundo sentimento de insegurança em relação à estabilidade do emprego, ressentem-se de serem obrigados a trabalhar maior número de horas e de assumir novos trabalhos – realizados anteriormente pelos que saíram – para os quais não foram preparados.

[114] Noer, 1993, op.cit.

[115] Kets de Vries e Balazs, op.cit.

[116] Cascio, op.cit., p. 101.

Tais demandas provocam estresse e frustração, alterando o sentimento de comprometimento com a organização.[117]

Os remanescentes têm reações como ansiedade, medo de perder o emprego, baixo moral, culpa em relação aos que saíram, notadamente ao fazerem horas extras e ao receberem seus salários[118]. Alguns autores[119] relatam inveja dos remanescentes com relação aos desligados, pois recebem da empresa maior carga de trabalho, menores aumentos e rebaixamento de *status*. Eles são obrigados a aprender novas tarefas e a assumir mais responsabilidades, enquanto colegas, ao saírem da empresa, receberam atrativos pacotes de indenização.

Outro aspecto da "síndrome do sobrevivente" é a questão da produtividade dos remanescentes. Após um acréscimo inicial, os funcionários passam a produzir menos. Sentem que deles se pede um esforço adicional sem que nada seja dado em troca e consideram a gerência culpada da situação em que se encontram.

Alguns sentem culpa por terem sido "poupados" da demissão. Por causa disso, podem afastar-se dos colegas desligados, afastar-se da empresa, trabalhar mais para reduzir a culpa ou se convencer de que as demissões eram merecidas[120].

Além das questões relativas à "sindrome do sobrevivente", outros fatores, relativos aos impactos do *downsizing* nos remanescentes, devem ser analisados. Alguns fatores dizem respeito ao modo como são afetadas as condições de trabalho, de remuneração e de segurança do emprego. Outros, mais sutis, referem-se a sentimentos que não podem e não devem ser expressados ou verbalizados. Os estudos têm, todavia, tratado com maior freqüência aspectos como horas prolongadas de trabalho, comprometimento, contrato psicológico, estresse e percepção de justiça.

---

[117] Cascio, op.cit.; Feldman e Leana, op.cit.; Katz, op.cit.; Noer, op.cit.

[118] Brockner, Grover e Blonder, op.cit.; Cameron, Freeman e Mishra, op.cit.

[119] Cameron, Freeman e Mishra, op.cit.

[120] Kets de Vries e Balazs, op.cit.

Convivência com uma carga de trabalho maior

Nos casos em que a empresa não enfrenta declínio de suas atividades, a redução de pessoal significa, via de regra, que os remanescentes devem lidar com uma carga de trabalho maior, o que implica horas prolongadas de trabalho.

As pesquisas realizadas confirmam a tendência do aumento no número de horas trabalhadas nas empresas que passaram por programas de *downsizing*. Uma das razões é a própria redução de pessoal sem a correspondente redução da quantidade de trabalho. Um estudo da American Management Association indica que 41% dos gerentes relataram que não tinham tempo suficiente para realizar todo o trabalho a ser feito[121]. A questão é que o acúmulo de horas extras, em vez de ser um fato temporário, estende-se por mais tempo do que o esperado, tornando-se uma "nova norma".

Outro motivo para as horas prolongadas de trabalho está relacionado à insegurança no emprego. O medo de perder o trabalho torna-se "endêmico" e, por isso, as pessoas passam a ficar mais tempo no trabalho[122].

Algumas pesquisas foram realizadas com essa linha de raciocício, procurando entender o efeito da insegurança do emprego sobre o esforço no trabalho, no caso de remanescentes de empresas que adotaram programas de redução de pessoal. Segundo um estudo, apenas os empregados remanescentes moderadamente inseguros passam a se esforçar mais no trabalho. Aqueles que percebem baixa insegurança, ou alta insegurança, não empreendem maior esforço. Essa reação é, no entanto, moderada pela necessidade econômica do funcionário[123]. Assim, aqueles que dependem mais do salário para a sobrevivência demonstram – inde-

---

[121] Fisher, A.B. Welcome to the age of overwork. *Fortune*, November 30, p.65-70, 1992.
[122] Ibidem.
[123] Medida pelo *status* de ser, ou não, o principal provedor da família.

pendentemente da percepção de segurança do emprego – grande esforço no trabalho[124].

As horas prolongadas de trabalho são, por fim, para alguns funcionários, uma questão a ser resolvida no futuro, pois estão à procura de uma vida em que família e trabalho estejam mais equilibrados. Para outros, no entanto, há uma satisfação intrínseca com o trabalho realizado, de tal forma que as horas adicionais não constituem problema[125].

Comprometimento

Genericamente, comprometimento pode ser definido como um sentimento que liga o empregado à empresa, de tal forma que ele não falta ao trabalho, trabalha as horas devidas e, mais, protege seu patrimônio e apóia seus objetivos.

Há duas dimensões importantes no esclarecimento desse conceito: a natureza do comprometimento e as entidades com as quais as pessoas se comprometem[126].

A natureza do comprometimento pode ser descrita através de três componentes: afetiva, de continuação e normativa. O componente afetivo refere-se à ligação emocional, ao envolvimento e mesmo à identificação com a organização. O comprometimento de continuação está ligado ao custo de saída do emprego e o comprometimento normativo, ao senso de obrigação dos empregados para com a organização. Os empregados com forte ligação afetiva continuam na empresa por assim desejarem. Aqueles com ligação normativa permanecem por dever e os com ligação de continuação, por necessidade[127].

---

[124] Brockner, J., Grover, S., Reed, T.F. e DeWitt , R.L. Layoffs, job insecurity, and survivors' work effort: evidence of an inverted-U relationship. *Academy of Management Journal*, v.35, n.2, p.413-425, 1992.

[125] Fisher, op.cit.

[126] Meyer, J.P. e Allen, N.J. *Commitment in the workplace:* theory, research and application. Thousand Oaks: Sage, 1997.

[127] Ibidem.

Pesquisas têm procurado relacionar de que forma cada um dos componentes se relaciona com aspectos como absenteísmo, desempenho no trabalho, intenção de sair da empresa e bem-estar. De forma geral, as pesquisas mais conclusivas referem-se ao componente afetivo, indicando que comprometimento afetivo está positivamente relacionado à falta de vontade de sair do emprego, negativamente relacionado ao absenteísmo e positivamente relacionado ao desempenho das atribuições[128].

Por outro lado, a entidade com a qual o empregado cria vínculos deve ser entendida como um todo constituído de vários segmentos. O foco do comprometimento pode, portanto, ser a equipe, o supervisor imediato, o departamento, a alta administração e até mesmo a organização. Comprometimentos com domínios fora da organização são também possíveis, como, por exemplo, o sindicato ou a própria profissão[129].

Há, entretanto, uma questão primordial que se afigura dentro da nova ordem. Se, do ponto de vista das organizações, os funcionários podem adquirir competências fora da empresa e a lealdade dos empregados tem gerado como contrapartida um ônus – o da garantia de emprego – que não estão dispostas a pagar, pergunta-se: para que comprometimento[130]?

Essa questão apresenta, ainda, outros pontos não resolvidos, pois, do ponto de vista da empresa, o empregado comprometido "cegamente" pode perder sua habilidade de questionamento, de inovação e mesmo de adaptação a mudanças[131]. Do ponto de vista do empregado, o comprometimento pode facilitar uma certa inér-

---

128 Ibidem.

129 Reichers apud Meyer e Allen (op.cit.); Bastos, A.V.B. Comprometimento no trabalho: contextos em mudança e os rumos da pesquisa neste domínio. In: *ENANPAD-98*, 1998, Foz do Iguaçu. Rio de Janeiro: ANPAD, 1998. Em CD-Rom.

130 Meyer e Allen (op.cit.) lembram, entretanto, o caso das organizações sem fins lucrativos. De fato, nestas a lealdade de seus voluntários não tem como contrapartida a segurança de um emprego.

131 Randall, D.M. Commitment and the organization: the organization man revisited. *Academy of Management Review*, v.12, p.460-471, 1987.

cia no desenvolvimento de novas habilidades que o tornariam empregável em outras instituições[132].

Além disso, a lealdade dos empregados para com a organização tem-se deteriorado a partir de uma série de eventos, dentre os quais o próprio *downsizing*, a quebra do contrato psicológico e a utilização de trabalhadores contingentes. As relações entre empresas e empregados têm-se tornado, nas palavras do pesquisador O'Reilly, "menos aconchegantes, menos leais e menos familiares"[133]. Como exigir comprometimento e lealdade, se a empresa pode demitir a qualquer momento?

Se há algum tempo as empresas conseguiam manter seus empregados por meio de garantia de emprego e políticas salariais vantajosas, hoje, o medo de perder o emprego tem sido a forma, na visão de Thurow[134], pela qual se têm mantido a cooperação e o comprometimento dos empregados. Instala-se, assim, uma relação assimétrica com empregados "confusos e temerosos", sem que a recíproca seja verdadeira[135].

A esse respeito, no entanto, Brockner *et al*[136] têm uma visão diferente. Segundo os autores, quanto mais as empresas mostram preocupação – oferecendo serviços de *outplacement* e pacotes de benefícios – com os empregados desligados, maior é o comprometimento dos remanescentes. Tal resultado – paradoxal, reconhecem os autores – justifica-se pelo processo de identificação dos remanescentes com os desligados. Assim, fazer um bem àqueles que foram desligados funciona como se esse bem tivesse sido feito aos remanescentes.

Ocorre, no entanto, segundo posição de outro pesquisador, Cascio[137], que, a longo prazo, os efeitos negativos dos programas

---

[132] Meyer e Allen, op.cit.

[133] O'Reilly, op.cit., p. 29.

[134] Thurow, L. *O futuro do capitalismo*. Rio de Janeiro: Rocco, 1997.

[135] Noer, op.cit., p. XV.

[136] Brockner et al, 1987, op.cit.

[137] Cascio, op.cit.

de demissão sobre os remanescentes podem ser muito maiores do que os ganhos a curto prazo. Exemplos são os programas de melhoria de serviços e qualidade. Como a implementação destes programas depende do comprometimento genuíno do empregado, cortar postos de trabalho é incompatível com comprometimento por parte do empregado.

Mesmo que boa parte do trabalho seja terceirizado, ainda assim as empresas permanecem com um núcleo de empregados fixos[138] que se torna, nesta situação, ainda mais importante manter[139] .

Algumas críticas aos estudos sobre comprometimento se fazem presentes. Para Rousseau[140], os estudos sobre comprometimento enfocam apenas a perspectiva do empregado e deixam de compreender a relação bilateral que em realidade ocorre. O comprometimento passa a ser entendido como algo desejável, tanto do ponto de vista do empregado quanto do da organização, o que nem sempre é verdade, haja vista a quantidade de relacionamentos transitórios observada hoje. Comprometimento é, portanto, apenas uma manifestação da ligação entre empregados e empresas. A natureza mais complexa dessas ligações deve ser compreendida a partir dos estudos de contratos psicológicos.

Contrato psicológico: crenças e percepções

Podem-se classificar os contratos de trabalho em dois tipos: formais e psicológicos. O contrato formal é aquele firmado por escrito, assinado por empregador e empregado. O contrato psicológico não é firmado por escrito: é a "crença acerca dos termos e condições de um acordo do qual o indivíduo faz parte" [141] e tem

---

[138] O conceito de empregado fixo pode ser relacionado com o que Rousseau denomina de *core employees* (Rousseau, D.M. *Psychological contract on organizations*: understanding written and unwritten agreements. Thousand Oaks, Sage, 1995).

[139] Meyer e Allen, op.cit.

[140] Rousseau, D.M. Changing the deal while keeping the people. *Academy of Management Executive*, v.1, n.1, p.50-59, 1996.

[141] Robinson, S.L. Violation of psychological contracts: impact on employee attitudes. In: Tettrick, L.E., Barling, J. (eds). *Changing employment relations*. Washington, DC: American Psychological Association, 1995, p.92.

por base percepções e crenças individuais acerca de quais são as obrigações mútuas[142] entre empresa e empregado. Inclui não apenas promessas futuras, como também confiança na outra parte e regras de consideração e respeito. É importante ressaltar, neste caso, que por se tratar de fenômeno no nível individual, as partes podem não ter as mesmas crenças e percepções acerca dos termos[143,144,145].

Os contratos psicológicos podem ser classificados em dois tipos: transacionais e relacionais. Os transacionais envolvem trocas específicas e quantificáveis entre as partes e são, muitas vezes, de curta duração. Os contratos relacionais são abertos, menos específicos e incluem trocas que podem ser monetárias ou não. Nos contratos relacionais há, por parte do empregado, uma expectativa de receber treinamento, de ter oportunidade para se desenvolver e de manter um longo tempo de associação com a empresa[146].

Alteração no contrato psicológico

Um contrato psicológico é mantido se as partes cumprem ou excedem os termos do acordo[147]. Mas o que significa uma violação deste contrato? Segundo as pesquisadoras Morrinson e Robinson[148], a dinâmica da violação envolve três estágios: per-

---

[142] Robinson *et al*,. Changing obligations and the psychological contract: a longitudinal study. *Academy of Management Journal*, v.37, n.1, p.137-152, 1994.

[143] Robinson, op.cit.; Sparrow, op.cit.

[144] Sparrow (op.cit.) vai além do nível individual, indicando que contratos psicológicos estão sujeitos a interpretações mais amplas oriundas tanto da cultura organizacional quanto da cultura nacional. O autor propõe um modelo no qual as normas culturais atuam como variáveis mediadoras no julgamento adequado de comportamento.

[145] Há, entretanto, na literatura uma questão pouco clara que se refere a quais são as partes constituintes de um contrato psicológico. Para alguns autores, o contrato existe de ambas as partes – empregado e empregador – sendo que ambas monitoram a execução do mesmo. Robinson (op.cit.), mais recentemente, entretanto, alerta para o fato de que um contrato psicológico só pode existir do ponto de vista do empregado. Organizações não poderiam perceber um contrato, embora fosse plausível que estas percepções ocorressem por parte de representantes da organização. Para a autora, contratos psicológicos seriam, sempre, percepções do empregado acerca dos direitos e obrigações de ambas as partes.

[146] Robinson *et al*, op.cit.

[147] Robinson, op.cit.

[148] Morrinson, E.W. e Robinson, S.L. When employees feel betrayed: a model of how psychological contract violation develops. *Academy of Management Review*, v.22, n.1, p.226-256, 1997.

cepção de promessas não cumpridas, quebra do contrato e sentimento de violação do contrato propriamente dito.

Cada um desses estágios ocorre dependendo da ação de variáveis intervenientes, conforme se pode verificar na Figura 2.3. Muitos fatores podem contribuir para que o empregado, mesmo na presença de promessas não concretizadas, não perceba nenhuma alteração do contrato psicológico. Se tal fato ocorre, então os estágios seguintes não se desenvolvem.

Figura 2.3
Processo de Violação do Contrato Psicológico

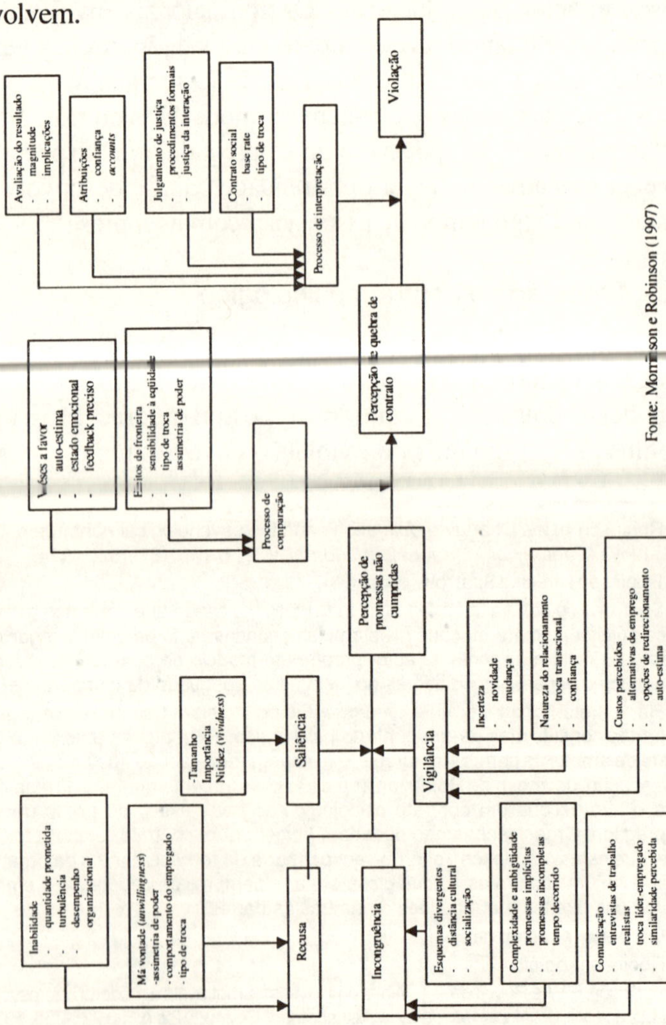

Fonte: Morrison e Robinson (1997)

A passagem para o estágio de percepção de quebra de contrato depende, também, de um processo de comparação. Dessa forma, a passagem da situação de "percepção de que promessas não foram cumpridas" para a situação de "percepção de quebra do contrato" não é imediata. Vieses e efeitos de fronteira podem influir nessa passagem gerando ou, mesmo, impedindo a percepção de quebra naquilo que, segundo o empregado, foi acordado.

As autoras distinguem, ainda, os conceitos de quebra e violação de um contrato psicológico. A quebra refere-se a uma compreensão cognitiva de que a empresa não cumpriu parte do acordo. A violação, por sua vez, inclui experiências emocionais negativas, entre as quais sentimento de traição, raiva e ressentimento. A percepção de violação depende de como o empregado interpreta as razões e condições da quebra de contrato.

Assim, algumas variáveis intervenientes são importantes neste último estágio, entre elas julgamento de justiça no procedimento, a confiança preexistente na relação empregador-empregado, o tipo de contrato – transacional ou relacional – e as implicações de uma quebra contratual.

Violações em contratos transacionais geram no empregado uma sensação de que seus benefícios foram reduzidos, o que pode gerar sentimentos de injustiça e traição. Por ter um caráter de troca econômica, o empregado tenta reequilibrar a situação, entendendo que suas obrigações em relação ao empregador são, agora, menores.

Violações de contratos relacionais, por sua vez, podem implicar a mudança da própria natureza da relação. Por envolver fatores emocionais, como confiança e crença em boa vontade e tratamento justo, podem desgastar as obrigações mais centrais nesse tipo de relacionamento. O empregado sente-se desobrigado à lealdade e aos esforços extras, uma vez que as dimensões relacionais do contrato não mais são válidas[149].

---

149 Robinson *et al*, op.cit.

Acordos violados afetam, portanto, a confiança, e esta quebra se relaciona com o declínio na qualidade da comunicação, da cooperação, do processo decisório e do desempenho. Se alguns dos pontos esperados da relação se referem a aspectos de trabalho, uma violação faz com que o empregado tenha menos motivos para dele obter satisfação. Ao entender que a empresa não valoriza sua contribuição, o funcionário pode incorrer em comportamentos de absenteísmo, declínio de atitudes positivas em relação à organização e mesmo em troca de emprego[150].

Ao obrigar as empresas a mudar rapidamente suas estratégias, tanto externas quanto internas, a grande pressão competitiva as leva a romper parte do acordo psicológico que governava suas relações com os empregados. Diante de mudanças nas condições do contrato psicológico, recomendam-se às empresas ações de renegociação, pois as conseqüências de ignorar ou mesmo violar os termos do acordo são negativas e não desejadas[151].

Com o objetivo de evitar interpretações erradas, muitas empresas fazem reuniões periódicas com empregados para esclarecer como o novo relacionamento deve ser e como isso afeta o desenvolvimento da carreira e a segurança no emprego. Mas mudar esse contrato não tem sido uma tarefa fácil e, segundo alguns executivos, alguns funcionários – notadamente os mais antigos – ficam "emocionalmente e intelectualmente bloqueados"[152].

Ao entrevistarem gerentes de nível médio após experiências de *downsizing*, O'Neill e Lenn[153] constataram um sentimento de raiva contra a "condenação do passado". Depoimentos revelaram ressentimentos com um discurso "moderno" que se instalara na empresa, com palavras de ordem do tipo: "não trabalhe mais, trabalhe de forma mais inteligente" e "a mudança é sua amiga".

---

150 Robinson, op.cit.

151 Ibidem.

152 O' Reilly, op.cit., p.30.

153 O'Neill e Lenn, op.cit.

Embutidas nas palavras haveria mensagens de demérito contra ações do passado – ações essas derivadas de orientações da própria administração – que passaram a ser julgadas como insuficientes ou ultrapassadas.

Mudança e renegociação de um contrato psicológico podem ser realizadas por meio de duas estratégias: acomodação e transformação. Na acomodação, os termos do contrato são "modificados, clarificados, substituídos ou expandidos", mas permanecem dentro do espírito do antigo contrato[154]. Na transformação, as mudanças são radicais e espera-se que todo um novo conjunto de expectativas passe a vigorar[155]. Inclui, por exemplo, questões mais localizadas, como uma nova forma de trabalhar (multifuncionalidade, responsabilidade sobre a tarefa, trabalho em equipe), bem como questões mais amplas, como direito e garantia ao emprego.

Se for bem conduzida, a transformação do contrato psicológico pode levar a uma nova base de relacionamento e comprometimento. A modificação pode ocorrer mediante um processo com quatro estágios, durante o qual informações antigas devem ser "descongeladas" antes que um novo quadro mental possa ser criado:

- Ameaça ao contrato antigo – Neste estágio, as bases do contrato vigentes são questionadas e sofrem uma ameaça. As razões que afetam a mudança do contrato precisam ser percebidas pelos empregados como legítimas. O entendimento da situação facilita a aceitação das modificações necessárias.

- Preparação para a mudança – Neste fase, os sinais da mudança se fazem presentes, as pessoas percebem que o antigo contrato deixa de vigorar e formam-se as bases para um novo relacionamento. Três aspectos são importantes neste estágio: sinais e ações simbólicas de que o velho contrato acabou, compreensão de que, neste estágio, as perdas per-

---

154 Rousseau, 1996, op.cit., p.50.

155 Rousseu, 1996, op.cit.

cebidas são maiores do que os ganhos futuros e implantação, se necessário, de estruturas e esquemas transitórios para facilitar a mudança.

- Criação de um novo contrato – Esta é a hora em que o futuro deve orientar expectativas, ações e compromissos. Premissas do passado deixam de vigorar; empregados antigos devem se comportar – no que se refere às regras da empresa – como se fossem empregados novos.
- Vivência no novo contrato – Nesta etapa, o novo contrato sofre alguns testes. Com ações e comunicações consistentes, a empresa deve mostrar que não é possível voltar ao modo antigo de ser e pensar.

Contrato psicológico e "síndrome do sobrevivente"

O entendimento da transformação do contrato psicológico está na base da solução para o problema da "síndrome do sobrevivente"[156].

Um dos aprendizados mais importantes para os que trabalham em empresas que implantaram programas de redução de pessoal é a compreensão de que as regras da relação mudaram. O empregado deve, diante da nova realidade, desenvolver "conexões mais empreendedoras e menos dependentes" com a organização. A compreensão da mudança do contrato ajuda empregados a romperem com as amarras de uma relação desatualizada de dependência mútua, recuperando sua auto-estima[157].

As mudanças recentes no mundo dos negócios têm forçado as empresas a modificarem a relação com o empregado e a entenderem que apenas uma transformação bem conduzida pode evitar o sentimento de violação, tão danoso para as duas partes.

---

[156] Noer, op.cit.

[157] Noer, op.cit., p. XVIII.

Considerações sobre o estresse

Embora a origem do conceito de estresse remonte ao século XIV, quando era entendido como adversidade e aflição, a acepção atual deriva do conceito de esforço físico que determinadas construções, tais como pontes, arcos e prédios, devem suportar. Estresse passou a ser entendido, portanto, como uma demanda que o ambiente impõe a sistemas biológicos, psicológicos e sociais[158,159].

Grande parte do interesse sobre estresse remonta às duas guerras mundiais. Na Primeira Guerra, as desordens emocionais foram atribuídas à fadiga da batalha, tendo, portanto, uma explicação física. Na Segunda Guerra, o assunto tornou-se ainda mais importante devido ao grande número de soldados que, por problemas emocionais, ficou impossibilitado de combater[160].

Depois das guerras, o estresse passou a fazer parte do elenco de preocupações de médicos e psicólogos. Eles pretendiam entender o que o causa, como as pessoas reagem e lidam com o problema. Hoje, o estudo do estresse é fundamental no âmbito das organizações, uma vez que funcionários estressados têm queda acentuada de produtividade, adoecem mais, ficam menos motivados e até são mais propensos a deixar o emprego[161].

O estresse é uma resposta a um nível de pressão inadequado – para mais ou para menos.[162]. Pode ser definido, também, como

---

[158] Arroba e James consideram que o estresse pode ser observado em todos os níveis da organização: o indivíduo, o grupo e a firma como um todo. No grupo, alguns sintomas indicadores seriam a perda de tempo com represálias ou omissão nas discussões. O erro seria usado para punir as pessoas, instalando-se uma competição não saudável. Na organização como um todo, sintomas reveladores seriam: as greves, a sabotagem, a ausência, o baixo nível de esforço e o baixo nível de contato interpessoal. (Arroba, T. e James, K. *Pressão no trabalho:* stress - um guia de sobrevivência. São Paulo: McGraw-Hill, 1988.)

[159] Lazarus, R.S. e Lazarus, B.N. *Passion and reason:* making sense of our emotions. Oxford: Oxford University Press, 1994.

[160] Ibidem.

[161] Ibidem.

[162] Arroba e James, op.cit.

um desequilíbrio, na percepção das pessoas, entre as demandas a elas impostas e sua capacidade, sua habilidade ou seus recursos para atendê-las[163]. Esse desequilíbrio pode ocorrer de forma positiva ou negativa e difere de uma pessoa para outra. Quando ela experimenta excesso de recursos em relação à demanda, instala-se um sentimento de enfado e carência de desafio, vivenciado como estressante. Da mesma forma, se os recursos que a pessoa percebe dispor são escassos para atender à demanda, ela se sente pressionada e estressada[164].

As fontes de estresse podem ser físicas ou psíquicas. O estresse físico decorre de demandas sobre o corpo, similares às que ocorrem em competições esportivas. O estresse psíquico tem sua origem em pensamentos e emoções. Embora as duas fontes possam se superpor, em muitas situações, é importante manter a distinção entre elas[165].

As manifestações do estresse podem, por sua vez, ser classificadas em físicas e psíquicas. As físicas incluem extremidades frias, taquicardia, insônia e mesmo infartos. Entre os sintomas psicológicos, estão: irritação, apatia, ansiedade ou depressão[166].

Pode-se, também, classificar o fenômeno tendo como referência o ambiente deflagrador dos sintomas. Como as pessoas dedicam grande parte de suas vidas ao trabalho e à família, convencionou-se denominar o estresse associado ao trabalho de estresse ocupacional[167].

---

[163] Cox, 1978 apud Nakayama, M.K. e Bitencourt, C. Processos de mudança e estresse ocupacional. In: *ENANPAD-98*, 1998, Foz do Iguaçu. Rio de Janeiro: ANPAD, 1998; Lazarus e Lazarus, op.cit.

[164] Arroba e James, op.cit.

[165] Lazarus e Lazarus, op.cit.

[166] Bernardi indica, por exemplo, que o excesso de demandas, a dificuldade cultural em demonstrar fraquezas, a solidão e a ausência de válvulas de escape têm feito com que a incidência de suicídios entre executivos se eleve de forma acentuada. (Bernardi, M.A. Uma pressão mortal. *Exame*, São Paulo, 21.05.1997, p.96-7).

[167] Arroba e James (op.cit.) apontam para uma relação interessante entre estresse e cultura organizacional. Em algumas empresas, estar estressado é um símbolo de *status*, pois parte-se da suposição de quanto maior o nível na hierarquia, maior a pressão a que se está submetido. Em outras empresas, manifestar problemas físicos ou emocionais derivados de excesso de pressão pode ser encarado como uma fragilidade do profissional e um sinal de fracasso pessoal.

As demandas estressantes para o empregado podem ser classificadas em várias categorias. A seguir, algumas delas[168] :

- excesso de trabalho: muitas tarefas a serem realizadas em curto espaço de tempo, muitas interrupções de atividades, datas-limite a serem cumpridas;
- ambigüidade de papel: sem definição clara de responsabilidades, sem prioridades e com pouco *feedback*;
- incerteza sobre o futuro: insegurança no emprego, em relação ao futuro da empresa e sentimento de impotência diante dos fatos;
- falta de autoridade para o trabalho a ser realizado;
- dificuldades técnicas para realizar o trabalho;
- tensão causada pela necessidade de se manter atualizado com as mudanças tecnológicas;
- relações inadequadas com colegas e superiores;
- reestruturação ou reorganização.

São identificadas três fases associadas ao estresse. Há uma fase inicial ou de alerta, em que podem surgir sintomas físicos, como boca seca ou diarréia passageira, e sintomas psíquicos, como aumento da motivação e entusiasmo repentino. Na fase intermediária, ou de resistência, há sintomas físicos adicionais – como perda de memória, mudança de apetite, cansaço constante, problemas dermatológicos, hipertensão arterial e úlcera – e também outros sintomas psíquicos, como a sensibilidade excessiva, obsessão por um único assunto e irritabilidade acentuada. Na fase final, ou de exaustão, os sintomas físicos são náuseas, dificulda-

[168]Arroba e James, op.cit.; Couto, 1980 apud Nakayama e Bitencourt, op.cit.; Cummins, R.C. Job stress and the buffering effect of supervisory support. *Group and Organization Studies*, v.15, n.1, p.92-104, 1990; Gomes, M.T. Pifado: o que você pode fazer contra o estresse. *Exame*, São Paulo, 15.01.1997, p.76-8.; Lazarus e Lazarus, op.cit.

des sexuais, diarréia freqüente, e os psicológicos, apatia, depressão, angústia e perda do senso de humor[169].

Alguns pesquisadores procuram estabelecer a relação entre estresse e *downsizing*. Segundo os estudos de Brockner[170], o processo de *downsizing* gera um estresse sobre os remanescentes que tem como conseqüência uma modificação de comportamento e de atitudes. A ameaça de perda de emprego produz deterioração psicológica, que pode conduzir a doenças de coração e úlcera, entre outras. Excesso de horas de trabalho é, igualmente, razão para o estresse. Empregados remanescentes são obrigados a cumprir jornadas mais longas e, muitas vezes, a realizar tarefas para as quais não estão preparados.

O aumento da produtividade e o *downsizing* afetam a jornada de trabalho de duas formas. Numa delas, os funcionários remanescentes são forçados a trabalhar mais horas, pois há menos empregados na empresa. Na outra, os empregados contingentes assumem dois ou mais empregos simultaneamente, para compensar as perdas, o que também ocasiona uma jornada maior[171].

UMA TIPOLOGIA DE REMANESCENTES

Questões relativas aos remanescentes ainda são pouco estudadas. Poucos autores tratam do impacto dos programas de *downsizing* sobre esses funcionários. Mishra e Spreitzer[172] resolvem esta situação, de certa forma, com uma proposta de modelo que sintetiza boa parte das questões até aqui levantadas. O modelo desenvolve-se em dois estágios. No primeiro, sugere uma tipologia de reações dos remanescentes. No segundo, relaciona

169 Selye,1956 apud Nakayama e Bitencourt, op.cit.

170 Brockner, 1988, op.cit.

171 Rifkin, op.cit.

172 Mishra e Spreitzer, op.cit.

questões como confiança, justiça, *empowerment* e redesenho do trabalho à tipologia anteriormente definida.

Os autores iniciam seu modelo teórico propondo quatro tipos de respostas dos remanescentes que se alinham ao longo de duas dimensões da reação humana: a dimensão *construtiva – destrutiva* e a dimensão *ativa – passiva.*

No que tange à dimensão *construtiva – destrutiva,* os autores indicam que remanescentes podem reagir de forma construtiva se entenderem que o *downsizing* não lhes causa dano algum. Se, entretanto, avaliam o programa de forma negativa, estão menos propensos a colaborar na implementação do plano e podem, até, ter reações violentas.

No que se refere à dimensão *ativa – passiva,* remanescentes ativos percebem neles próprios uma capacidade para lidar com a situação e tomam posições pró-ativas. Remanescentes cuja auto-avaliação indica que nada podem fazer em relação à situação têm uma reação passiva e aguardam instruções de seus superiores.

Mapeando as duas dimensões em eixos perpendiculares, conforme a figura a seguir, chega-se a quatro tipos de respostas dos remanescentes: a medrosa, a obsequiosa[173], a cínica e a esperançosa (Figura 2.4).

Figura 2.4
Tipos de Respostas de Remanescentes

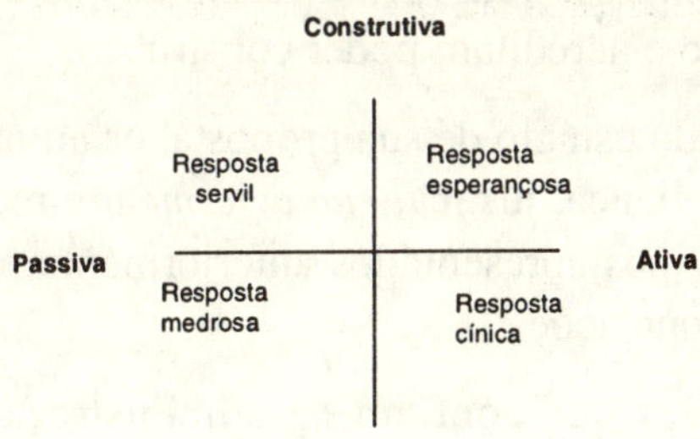

Fonte: Mishra e Spreitzer, op.cit.

---

173 Do inglês *obliging.*

Resposta temerosa – É típica daqueles remanescentes que percebem o *downsizing* como uma ameaça para a qual não estão preparados. Eles vivenciam o plano com sentimentos de medo e ansiedade, apresentando, ainda, redução na concentração e sensação de perda de controle. Reagem à situação com procrastinação do trabalho, impontualidade e absenteísmo.

Resposta obsequiosa – Tende a ser a resposta de remanescentes que, identicamente aos da resposta temerosa, percebem-se impotentes diante da situação. Por outro lado, eles não encaram o plano de redução de pessoal como uma séria ameaça aos seus interesses e estão, portanto, prontos a fazer o que a eles se pede. Esta visão da situação permite que reajam de forma calma e serena. São "construtivos, porém passivos nas suas respostas"[174].

Resposta cínica – Remanescentes que desenvolvem respostas cínicas sentem-se ameaçados pelo programa de *downsizing*, mas detêm mecanismos para lidar com a situação. Sentem uma indignação moral que se manifesta, muitas vezes, como raiva e ressentimento. Ações destrutivas – incluindo desde críticas ativas ao programa até ações mais radicais, como vandalismo e sabotagem – são formas de lidar com a situação.

Resposta esperançosa – Remanescentes que não consideram o programa uma ameaça pessoal e acham que podem contribuir para o futuro da empresa reagem de forma auspiciosa. Sentem confiança no futuro e acreditam poder construí-lo.

Em um segundo estágio de sua proposta, os autores relacionam os fatores confiança, justiça, *empowerment* e redesenho do trabalho aos arquétipos apresentados anteriormente por meio de um conjunto de proposições:

- remanescentes que confiam na administração antes do *downsizing* provavelmente exibirão respostas construtivas (esperançosas ou obsequiosas);

[174] Mishra e Spreitzer, op.cit., p.570.

- remanescentes que avaliam o programa de redução planejada de pessoal como justo em sua forma distributiva provavelmente terão respostas construtivas (esperançosas ou obsequiosas);
- remanescentes que avaliam o programa de redução de pessoal como justo em seu procedimento provavelmente terão respostas construtivas (esperançosas ou obsequiosas);
- remanescentes que consideram o programa de redução de pessoal como justo na interação provavelmente terão respostas construtivas (esperançosas ou obsequiosas);
- remanescentes que se sentem com autonomia antes do programa de *downsizing* provavelmente apresentarão respostas ativas (esperançosas ou cínicas);
- mudanças no desenho do trabalho durante o programa de *downsizing* que impliquem variedade de trabalho e autonomia aumentam a probabilidade de respostas esperançosas;
- mudanças no desenho do trabalho durante o programa de *downsizing* que aumentem a sobrecarga de papéis e reduzam a autonomia aumentam a probabilidade de respostas temerosas.

A Figura 2.5 apresenta o modelo proposto pelos autores.

Figura 2.5
Influência da Confiança, da Justiça, do *Empowerment* e do Redesenho do Trabalho na Resposta dos Remanescentes

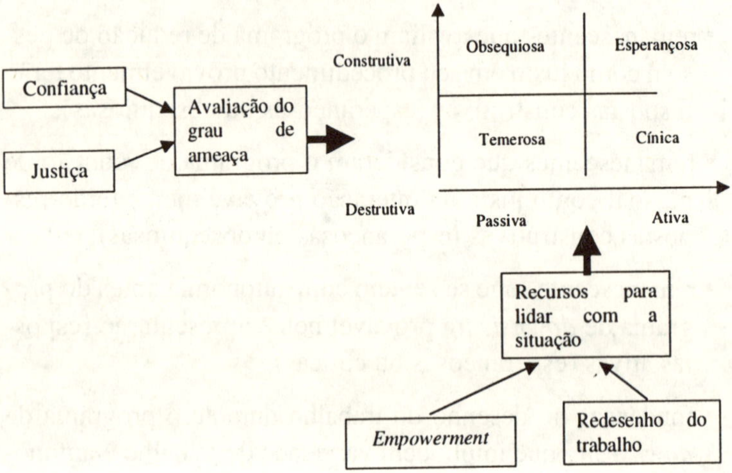

Fonte: Mishra e Spreitzer, op.cit.

Os autores sugerem que confiança e justiça geram reações mais construtivas enquanto *empowerment* e redesenho do trabalho incentivam respostas ativas. Percepção de desconfiança e ausência de justiça induzem, por sua vez, respostas destrutivas, assim como declínio na autonomia do trabalho e sobrecarga de trabalho geram uma tendência a reações de passividade.

Respostas esperançosas advêm de confiança e justiça na implementação do programa de redução de pessoal, bem como de um desenho de trabalho com maior autonomia e mais oportunidades profissionais. Se, ao contrário, confiança reduzida e percepção de injustiça são acompanhadas de sobrecarga no trabalho e insuficiência na autonomia, as respostas cínicas são mais prováveis de se manifestarem.

SOBRE OS EXECUTORES

São raros os estudos a respeito do impacto que os programas de redução de pessoal têm sobre os executores. Wright e Barling[175], ao entrevistarem gerentes encarregados de desligar funcionários, obtiveram um quadro de pessoas que passou por intensa demanda física e emocional. O estereótipo de "executores" que carregam uma machadinha na mão pouco corresponde à situação por eles encontrada.

Os estágios emocionais e físicos pelos quais os executores passam depois do anúncio de um programa de redução de pessoal estão esquematizados na Figura 2.6.

Figura 2.6
Fases Vividas pelos Executores do *Downsizing*

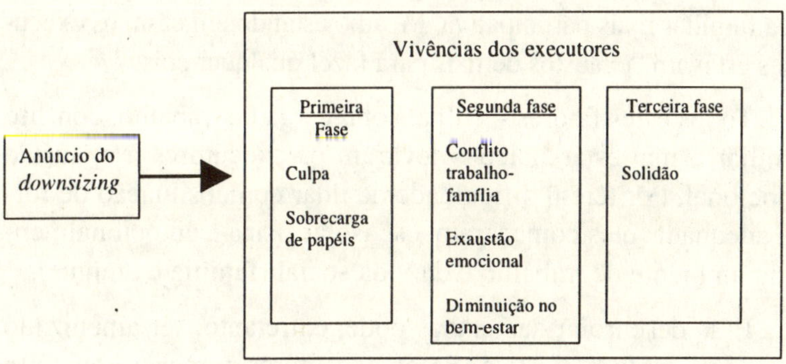

Fonte: Wright, B., Barling, J. "The executioners' song": listening to downsizers reflect on their experience. *Canadian Journal of Administrative Sciences*, v.15, n.4, p.339-355, 1998.

[175] Wright e Barling, op.cit.

Em um primeiro momento, os executores tiveram uma sensação de culpa que advinha, principalmente, do fato de serem obrigados a dispensar bons funcionários que consideravam não merecedores de uma demissão. Mesmo a dispensa de maus funcionários implicou mal-estar, por ser reconhecida como uma forma fácil de lidar com a questão da incompetência. Soma-se a isso a percepção de que as famílias dos empregados também foram afetadas. Gerentes executores ficaram, ainda, com a sensação de que poderiam ter evitado todo o processo. Além disso, em conseqüência das demissões, gerentes executores foram submetidos à sobrecarga de trabalho[176].

Em uma etapa posterior, sinais de mal-estar físico e emocional intensificaram-se em função da demanda imposta pela situação. Alguns dos entrevistados relataram alterações no sono e no bem-estar físico, sentindo a necessidade de apoio medicinal. Suas vidas familiares foram afetadas em função da sobrecarga de trabalho e do estado de cansaço. As horas prolongadas de trabalho impediram uma vida familiar mais participativa. Mesmo estando em casa, os executores estavam "exaustos demais para fazer qualquer coisa"[177].

Todos estes fatores – culpa, sobrecarga de trabalho, conflito familiar e mal-estar físico – levaram os executores à exaustão emocional. Por terem dificuldade de lidar com a situação de forma adequada, eles começaram a se isolar física e emocionalmente do ambiente de trabalho e da vida social (família e amigos).

Esse desenrolar das etapas pode, entretanto, ser amenizado pelo sentimento de justiça. Se os executores percebem ter feito tudo o que estava ao seu alcance, se julgam ter mantido a dignidade e o respeito no processo e ter sido honestos com as pessoas, eles sentem alívio e consideram que podem se recuperar de um processo exaustivo e doloroso.

---

[176] Ibidem.

[177] Ibidem, p.350.

O processo de *downsizing*, portanto, deixa "marcas indeléveis" – negativas – nos executivos que o conduzem. Segundo esses autores, uma das razões está relacionada ao fator *lex talionis*, ou seja, à crença – presente no inconsciente coletivo e individual – de que o resultado da ação reverte, depois, para seu autor. Assim, os responsáveis pelos processos de demissão sentem um medo subliminar de retaliação[178].

De um ponto de vista mais pragmático e operacional, muitos gerentes remanescentes sofrem, ainda, pelo fato de que os empregados desligados levam muito da memória dos procedimentos da empresa e, com isso, o acesso a informações vitais. Além disso, vêem-se na situação de gerenciar um número maior de subordinados e de lidar com maior carga de trabalho[179].

Dois outros pesquisadores, Kets de Vries e Balazs[180], propõem uma taxonomia que classifica os executores de processos de *downsizing* em cinco tipos:

Executivo compulsivo – Tem excesso de preocupação com a ordem e a perfeição. Preocupa-se com detalhes, com o controle do ambiente e tem alto grau de exigência consigo mesmo. Se está encarregado de programas de *downsizing*, planeja tudo antecipadamente, nos mínimos detalhes, e demonstra pouca tolerância para flexibilização posterior. Por temer críticas e castigos, esforça-se para fazer tudo da forma mais correta. Suas emoções raramente são perceptíveis, uma vez que, na tentativa de implementar um programa "justo", ele despersonaliza o processo.

Executivo abrasivo – Em busca da perfeição, tenta eliminar a distância entre o que ele é e o que idealiza ser. Como este objetivo é, via de regra, frustrante, sentimentos agressivos surgem de forma compensatória. Apesar de inteligente, com alta capacidade

---

178 Kets de Vries e Balazs, op.cit.

179 Cascio, op.cit.

180 Kets de Vries e Balazs, op.cit.

de resolver problemas, apresenta-se de forma impaciente e arrogante. Como gerente, destrói a confiança de seus subordinados, inibindo suas iniciativas. Acha que tem direito a tratamento especial e que as regras comuns não se aplicam a ele. Quando responsável por programas de *downsizing*, cria uma mentalidade nós-eles, em que "eles" – os desligados – são considerados responsáveis pelo atual estado da empresa e já deveriam ter sido demitidos há muito tempo.

Executivo dissociado – A dissociação é um mecanismo defensivo que previne emoções dolorosas e conflitos psicológicos. As pessoas com essas características distanciam-se da realidade e vêem-se como espectadores de si mesmos, agindo como autômatos.

Executivo adormecido[181] – Tem dificuldade de reconhecer e descrever as próprias emoções, é pouco dado a fantasias e sua orientação cognitiva baseia-se na realidade. Por ser incapaz de reconhecer as próprias emoções, facilmente somatiza as dificuldades emocionais. Se está responsável por programas de *downsizing*, pode assumir atitudes semelhantes às de um robô, aparentando não ter qualquer emoção associada ao processo.

Executivo depressivo – O estado depressivo tem gradações diversas. Sua reação vai desde uma leve depressão, geralmente passageira, a um desejo de suicidar-se. Sente-se sem ânimo e sem energia, dorme mal, está exausto de manhã, fica apático em relação à vida e tende a enxergar apenas o lado ruim das situações. Se está envolvido em programas de *downsizing*, pode culpar-se por danos causados a outros.

---

181 Termo traduzido de forma livre. No original, os autores usam os termos *alexithymic* e *anhedonic*. Alexithymic vem do grego e significa, indicam Kets de Vries e Balazs (op.cit.), "sem palavras para as emoções". Anhedonia é, segundo o dicionário Webster, "falta de prazer ou da capacidade de vivenciá-lo" (1996, p.58).

PARTE 2

DOWNSIZING E PRIVATIZAÇÃO EM TRÊS EMPRESAS BRASILEIRAS

CAPÍTULO 3

A EXPERIÊNCIA DA SERVA

A ServA, estatal do setor de serviços com sede na Região Sudeste, era tida, em seu âmbito de atuação, como uma empresa modelo. As demais empresas estaduais do mesmo setor estavam longe de atingir o seu nível de desempenho. Era considerada um *benchmark* nacional não só em termos gerenciais como em termos técnicos e operacionais.

BREVE HISTÓRICO DOS PROCESSOS DE *DOWNSIZING* NA SERVA

Em 1996, já se preparando para a iminente privatização do setor, a empresa ofereceu um primeiro Plano de Desligamento Voluntário – PDV[1], que obedecia a determinadas regras impostas pela diretoria.

Genericamente, essas regras diziam respeito à elegibilidade para a adesão ao plano e aos benefícios oferecidos. O plano estava aberto, apenas, a funcionários com mais de 20 anos de trabalho que não tivessem atingido plenas condições de aposentadoria.

[1] Utilizaram-se o nome Programa de Desligamento Voluntário e a sigla PDV para o plano oferecido quando a empresa era, ainda, estatal. O nome Plano de Desligamento Incentivado e a sigla PDI foram utilizados para o plano oferecido após a privatização. Ambos os planos foram voluntários e a diferença de siglas e nomes dos planos foi adotada para facilitar o entendimento dos fatos.

Além de um incentivo monetário que variava, conforme o número de anos de trabalho, a empresa oferecia extensões de 18 meses do plano de assistência médica e do seguro de vida em grupo, este último sem qualquer ônus para o empregado.

No que se refere ao fundo de pensão, era prática da ServA participar com dois terços da contribuição, ficando um terço sob a responsabilidade do empregado. Para aqueles sem os requisitos mínimos para o direito à complementação da aposentadoria pelo fundo de pensão da empresa e que aderissem ao plano, a empresa continuaria a contribuir com a sua parte, durante um período máximo de 60 meses, desde que o empregado entrasse com um terço do valor.

Como os recursos para o pagamento de indenizações eram limitados, estabeleceu-se uma meta de desligamentos e a ServA preparou-se para um eventual excesso de pedidos. Caso isso acontecesse, alguns critérios previamente estabelecidos seriam adotados, como, por exemplo, dar prioridade a funcionários de áreas com maior probabilidade de terceirização. No entanto, não houve necessidade de entrar nesse tipo de consideração, uma vez que o número de adesões ficou muito aquém do previsto.

Na verdade, a empresa tinha o objetivo de atingir cerca de 800 funcionários, mas só 430 aderiram ao plano. Apesar disso, não houve qualquer outra ação para reduzir pessoal, como, por exemplo, uma reedição do plano, ou uma demissão de empregados.

O PDV encerrou-se em meados de 1997. No ano seguinte, a ServA foi finalmente vendida e passou a fazer parte, junto com outras empresas estaduais igualmente privatizadas, de um grupo maior, cuja *holding* se localizava na Região Sudeste.

Numa primeira etapa, a *holding* contratou uma grande consultoria para ajudá-la a estabelecer os cursos de ação. Assim, empresas internacionais foram utilizadas como *benchmark* não só para a avaliação operacional, como para estimar o volume de mão-de-obra necessário para atingir as metas estabelecidas. Delinearam-se, entre outras medidas, uma redução de pessoal e terceirização de algumas atividades menos ligadas ao negócio principal.

Desse momento em diante, as diretrizes passaram, portanto, a ser dadas pela matriz. Questões referentes aos recursos humanos e, mais especificamente, à questão de implantação de um plano de demissão estavam incluídas.

De acordo com o edital de concessão, qualquer demissão em massa, nos primeiros 180 dias após a privatização, deveria ser feita na forma de um plano de desligamento incentivado, sendo que a empresa teria total liberdade para estabelecer os seus critérios.

Após várias análises e simulações de custo, a *holding* optou por realizar um plano de desligamento ainda dentro dos seis meses iniciais. Esse plano tinha como principais características: (a) o pagamento de incentivo financeiro proporcional ao número de anos de serviço, estimulando funcionários mais antigos; (b) a manutenção do plano de assistência médica por mais 90 dias; e (c) uma cesta básica, que poderia ser convertida em dinheiro.

A tabela de incentivo financeiro obedecia à seguinte regra: funcionários com até 15 anos de empresa receberiam 0,3 salários por ano; com 15 a 25 anos, 0,5 salários por ano e com mais de 25 anos, 0,6 salários por ano.

Segundo orientações da matriz[2], as diversas empresas do grupo – entre elas, a ServA – poderiam reservar-se o direito de não aceitar o pedido de desligamento de um funcionário, se o considerassem imprescindível para a continuidade do trabalho.

O programa foi lançado, simultaneamente, em todas as empresas da *holding*, cerca de três meses após a privatização. Os funcionários tiveram cinco dias para decidir, sendo a adesão de caráter voluntário. Se, porém, até a data determinada, o número desejado não fosse atingido, a empresa poderia, posteriormente,

[2] Neste contexto, matriz e *holding* são usadas como sinônimos.

fazer demissões, aplicando, nesses casos, um redutor de 30% sobre o incentivo financeiro.

Uma das questões levantadas pelos novos gestores foi a possibilidade de adiar o plano de redução de pessoal, pois, segundo o edital de privatização, após o período de 180 dias a partir da data de privatização, a empresa adquirente poderia fazer demissões pagando apenas o previsto pela legislação trabalhista, sem ser obrigada a conceder qualquer benefício adicional.

A decisão de oferecer um plano de desligamento incentivado logo ao início da nova gestão deveu-se, principalmente, à necessidade de sinalizar, tanto para a sociedade em geral, quanto para o público interno, o início de uma fase diferente. Nas palavras do diretor de Recursos Humanos da nova *holding*:

> "A principal questão foi a de tornar a empresa mais ágil, dar uma mensagem para o mercado da mudança. A gente sabia que qualquer mudança que não estivesse associada logo a este período seria muito mais difícil de acontecer. Porque as pessoas, naquele momento, sabiam que a mudança era inevitável".

Mas as mudanças não foram facilmente aceitas. Muitos funcionários achavam que a privatização seria revertida e que o programa de demissão não poderia ser realizado. Ainda nas palavras do diretor de Recursos Humanos da *holding*:

> "Muitas pessoas não acreditavam que isso ia ocorrer. Não aceitaram num primeiro momento. ... 'Isso não vai acontecer. Eles não vão poder fazer isso'. O sindicato disse que não iam poder demitir, que a privatização ia ser cancelada, que nós, enquanto controladores, não íamos poder contar com recursos jurídicos".

A implantação do programa contou com o suporte de uma empresa especializada e com o envio de consultores a todos os estados para orientar a negociação com os sindicatos e auxiliar no planejamento da comunicação do plano.

A divulgação do plano teve como alvo não apenas o público interno, formado por gerentes e funcionários, como também os públicos externos, incluindo-se aí imprensa, governos estaduais e federal, órgãos reguladores, clientes, acionistas e, mesmo, a sociedade em geral.

Para atender ao público interno, elaborou-se uma cartilha contendo: (a) uma explicação dos objetivos do programa; (b) indicação dos empregados que não seriam incluídos no plano, como, por exemplo, aqueles que estivessem com o contrato suspenso em decorrência de acidente de trabalho ou auxílio-doença; (c) informações sobre as datas para a adesão; (d) incentivos oferecidos no plano e (e) uma sessão com perguntas e respostas, para esclarecer dúvidas mais freqüentes.

Por ser tecnologicamente mais avançada que as demais empresas formadoras da *holding*, a ServA utilizou ainda meios eletrônicos para a divulgação do plano. O processo foi informado por terminais de computadores, nos quais os empregados podiam obter os dados sobre seu caso e fazer simulações de sua situação. Além disso, a adesão ao programa podia ser feita pelo terminal. Nas palavras de um entrevistado, "bastava um *enter*" para entrar no plano.

Curiosamente, essa facilidade de divulgação fez com que funcionários adiassem a decisão para – literalmente – a última hora. Em seu depoimento, um gerente de área administrativa observou:

> "Cinco dias. A adesão maior ocorreu no último dia. As pessoas estudaram, pensaram e aderiram de fato na última hora. O prazo terminava às 17 h, e de 16h às 17h a adesão foi maciça no terminal. Se você entrasse no terminal a cada cinco minutos para ver como estava a adesão, veria que o número subia rapidamente".

Segundo o diretor de Recursos Humanos da ServA, era obrigação da empresa disponibilizar todas as informações aos empregados, deixando claro quantias, prazos, situação no INSS, informações, enfim, relevantes para a decisão a ser tomada. Assim, houve uma série de ações para facilitar a decisão. A empresa ofereceu uma espécie de plantão de funcionários da área de Recursos

Humanos destinado a tirar dúvidas ou fazer cálculos de interesse dos empregados, como, por exemplo, tempo para a aposentadoria. Além disso, a ServA tinha um convênio com o INSS, que garantia o funcionamento de um posto avançado do Instituto dentro da empresa.

Desenho e estrutura do plano foram idealizados pela matriz, mas algumas decisões ficaram a cargo das unidades[3]. No caso da ServA, a principal questão foi a possibilidade de se recusar uma adesão. No plano original, as empresas poderiam rejeitar um pedido de desligamento se julgassem necessário. Mas a ServA optou por aceitar todos os pedidos e nada fazer para manter funcionários considerados estratégicos ou talentosos. A empresa entendia que, ao recusar um pedido de desligamento, teria que dar uma reciprocidade não prevista nos planos de recursos humanos. Nas palavras do diretor de Recursos Humanos da unidade:

> "O plano tinha uma remuneração até bem atrativa para quem saísse da empresa. Então, na medida em que você não deixasse a pessoa sair, e ela continuasse a trabalhar e a receber seu salário, ela falaria: 'E agora? Eu fico e você não quer deixar eu sair. Mas o que eu vou ganhar?' Ela continuaria trabalhando no mesmo lugar e ganhando o mesmo, enquanto para sair ganharia tantos mil reais. Isso eu chamo de compromisso".

Outra questão era a competição do setor. Na ocasião, a concorrência estava apenas no início e a demanda por profissionais especializados, ainda, estava baixa. Um cenário de concorrência diferente poderia ter alterado a decisão da unidade, conforme relato do mesmo diretor de Recursos Humanos:

> "Naquele momento, não havia tanta demanda no mercado quanto hoje. Se isso acontecesse... a gente acredita, eu pelo menos acredito, que hoje a decisão seria outra".

Com essa decisão, algumas áreas ficaram carentes de mão-de-obra especializada. A alternativa adotada pela ServA foi a de

---

[3] Usam-se, neste texto, os termos *empresa do grupo* e *unidade* como sinônimos.

manter alguns funcionários de setores mais estratégicos mediante contrato temporário, com um salário menor e por um período predeterminado. Nesse ínterim, a empresa tentaria substituir os profissionais por meio de processo interno ou mesmo com contratação de mão-de-obra terceirizada.

Haveria, é claro, a possibilidade de que estes empregados – cerca de 30, aos quais fora oferecido um contrato temporário – se recusassem a trabalhar naquele período. Na verdade, apenas uma pessoa rejeitou o acordo. A aceitação do vínculo temporário deveu-se, na opinião do mesmo diretor, à cultura de estabilidade do emprego: "Não era muito comum sair de uma empresa estatal. O vínculo de emprego era no padrão japonês. Ficava-se uma vida aqui dentro".

Havia, ainda, na empresa um espírito de equipe e de responsabilidade muito grande. Nas palavras do diretor: "Não era problema trabalhar mais dois ou três meses. Foi muito em função de não deixar, não largar o serviço pelo meio, no espírito de responsabilidade, que sempre foi muito forte aqui na ServA; sempre foi muito forte".

Mesmo assim, algumas áreas se viram, repentinamente, desfalcadas de mão-de-obra, o que deixou seus gerentes ansiosos. A situação agravou-se, ainda mais, com a transferência de alguns funcionários para outras empresas do grupo.

Essa situação permitiu, por sua vez, que novas lideranças surgissem e assumissem o espaço deixado pelos funcionários que haviam saído. Segundo o diretor de Recursos Humanos, "a empresa, simplesmente, deu a volta por cima; criou novas lideranças. Talentos que saíram foram repostos. Houve oportunidade para que muitas pessoas ascendessem, inclusive gerencialmente".

No caso da ServA, 1.074 pessoas aderiram ao plano de desligamento voluntário. Tinham, em média, 47 anos de idade e 22 trabalhados na empresa. Na avaliação do diretor de Recursos Humanos, a adesão foi surpreendente, pois se esperava, em função de simulações realizadas, um volume bem menor, em torno de 700 a 800 adesões.

Para se ter uma idéia do perfil das pessoas que optaram pelo plano, apresentam-se, a seguir, duas tabelas. Uma indica o nível de escolaridade daqueles que aderiram e a outra discrimina as adesões por departamento. A divisão por escolaridade pode ser verificada na Tabela 3.1.

Tabela 3.1
Adesões ao PDV na ServA por Grau de Escolaridade

Grau de escolaridade	Nº de adesões
Primeiro Grau Completo	387
Segundo grau completo	447
Superior completo	240
Total	1074

Fonte: Empresa

No que se refere à divisão por área, o maior número de adesões foi registrado no departamento de manutenção, totalizando 571 empregados. Pode se supor que isto esteja relacionado à grande possibilidade que se via, na época, de a atividade ser terceirizada (Tabela 3.2).

Tabela 3.2
Adesões ao PDV na ServA por Área Funcional

Áreas da empresa	Nº de adesões
Áreas de manutenção	571
Áreas administrativas	295
Áreas de negócios	208
Total	1074

Fonte: Empresa

ANTES DA PRIVATIZAÇÃO: A SERVA COMO ESTATAL

Práticas organizacionais

Cada empresa do grupo adotou, ao longo de sua existência, um conjunto de práticas que se tornou característica própria. Algumas tinham uma imagem de uma típica empresa estatal. Outras estavam mais próximas de uma administração de empresa privada.

Gestão

A gestão, pautada em decisões e indicação de cargos por interesses políticos, era uma característica da ServA que incomodava alguns funcionários da empresa. Eles viam gente de fora ser indicada para diretorias e funcionários alçados a cargos de gerência sem que tivessem condições técnicas para a função ou mesmo uma história de comprometimento com a empresa.

> "Então, era tudo muito voltado para essas orientações governamentais, uma politicagem danada. Todo mundo aqui era político mesmo, diretoria política, muitos gerentes eram designados politicamente, o presidente da empresa era do partido tal, o diretor de Recursos Humanos era do partido tal. Tivemos aqui, dentro do próprio departamento, duas pessoas recomendadas pelo diretor. Apesar de ótimos colegas, não tinham qualquer perfil gerencial. Tinham dificuldade até no operacional, quanto mais gerenciar pessoas."

Segundo um dos depoimentos, a insatisfação ligava-se ao mérito da indicação, à falta de embasamento técnico e à ausência de comprometimento com o longo prazo, vistos por empregados como necessários para a tomada de decisões. Na percepção dos entrevistados, funcionários indicados eram representantes de partidos políticos, sem função conectada com o futuro da organização.

> "A questão não é só ligação política. A questão é que a indicação política prevê que a pessoa está ali para exercer um cargo político. Então o negócio fica um pouco complicado porque, na maioria das

vezes, você precisa de uma decisão técnica também. Tem que ter um suporte técnico do seu diretor. O diretor tem que conhecer também, e às vezes isso não era possível, não por má vontade, não é isso, nós sempre tivemos um quadro de diretores muito bom, mas faltava o arcabouço técnico e a questão do envolvimento. A pessoa que está ali sabe que ela depende do presidente indo, do governador que está saindo. O objetivo dela é estar ali representando o governador, o grupo político de interesse. E depois dali ela sabe que vai sair..."

Planos internos, considerados estratégicos para o sucesso da empresa, teriam deixado de ser executados por não atenderem a interesses estranhos à empresa, o que comprometeria, segundo um depoimento, a competência e a lógica da organização.

Controvérsias sobre demissões

A representação das demissões, no caso da ServA, não surgiu de forma nítida. Para um dos entrevistados, a empresa sempre demitiu e manteve-se enxuta ao longo dos anos: "Acho que foi em 77, 78... foram umas 300 demissões". Ou, ainda, nas palavras de outro funcionário: "Desde a época da estatal, eu acho que sempre convivemos com isso, o fantasma do desemprego".

Outros, porém, indicaram que a empresa quase não demitia. Segundo um dos gerentes, a ServA tratava seus funcionários como "uma mãe" que, em caso de falha, poderia repreender, mas nunca demitir: "Até então era a mãe, que era o seguinte: ela vai no máximo puxar as orelhas, como não vai dar um pontapé, me botar na rua."

Treinamento de funcionários: um diferencial

Uma das práticas de maior destaque na ServA era o treinamento e desenvolvimento de pessoal oferecido pela empresa antes da privatização. Abrangia todos os níveis organizacionais e as várias áreas funcionais e visava não apenas o desenvolvimento tecnológico, como também pessoal e comportamental.

Havia, na ServA, uma cultura de incentivar os funcionários a realizarem cursos e a estudarem. Em alguns casos, autorizava-se o uso do horário de trabalho para esse fim.

Essa ênfase no treinamento deveu-se, em parte, ao fato de a empresa, além de atuar em ramo com tecnologia específica e altamente dinâmica, monopolizar setor. Não havia na região cursos que pudessem preparar o corpo técnico para as habilidades necessárias à operação diária da ServA. Em conseqüência disso, a própria empresa precisava formar sua mão-de-obra, investindo muito e continuamente no treinamento de seus funcionários.

> "Quando eu entrei para a ServA, não tinha curso técnico. Formei-me no antigo curso científico. Foi todo um trabalho de formação para as pessoas dentro da empresa. A empresa procurou formar seus profissionais. No mercado, não existia essa especialização."

Todo esse cuidado com a formação profissional resultou num quadro de pessoal altamente capacitado, motivo de orgulho de muitos e expresso no discurso de alguns:

> "Muitos cursos, bastantes cursos. Eu não saberia falar quantos já fiz, perdi a conta. Todos os profissionais que estão aqui, durante esses anos, foram muito bem treinados."

Representações da estatal

Os funcionários tinham respeito e orgulho com relação à ServA. Consideravam a empresa dinâmica e avançada; técnica e operacionalmente muito melhor do que suas similares no país.

Para alguns funcionários, um dos grandes méritos da ServA, ainda na época de estatal, era a sua postura participativa em relação aos empregados e à comunidade em geral. Para outros, a empresa distinguia-se por investir muito no desenvolvimento de seus empregados, dispondo de um centro de treinamento "modelo para o país" e formando um corpo técnico que "nada deixava a desejar a pessoas que chegavam de fora".

> "Nós tínhamos uma empresa modelo, em nível Brasil, uma empresa que funcionava maravilhosamente bem."

Para outros, ainda, a ServA era uma empresa conceituada no seu setor que, embora estatal, não "agia como estatal", diferenciando-se das demais.

> "A ServA era uma empresa altamente conceituada nesse mercado, muito conceituada. Apesar de ser uma empresa estatal, não agia como estatal, não agia nunca como estatal."

Um entrevistado considerou que, embora a empresa fosse administrada por políticos, quem a "tocava" era uma equipe técnica de alta qualidade. Segundo outro relato, tal equipe conseguiu manter um padrão de competência e prestar serviços de qualidade.

> "A ServA foi uma grande empresa mesmo na época em que os políticos a administraram, porque eles também tiveram uma postura de fazer com que os técnicos 'tocassem'."

Uma perspectiva diferente foi apresentada por um gerente de área administrativa. Para ele, a empresa vivia um dilema de papéis: tanto deveria proteger os interesses de seus acionistas – embora o governo fosse majoritário, havia acionistas minoritários – quanto ter a função de arrecadador de tributos. Defender estes dois papéis "antagônicos" era um dos problemas.

> "Então, como defender esses dois interesses, que são absolutamente antagônicos? É complicado. São antagônicos os interesses do acionista minoritário e os interesses do governo. Mas cada um tem seu papel. Eu acho que vi passar por aqui muitas dessas, vamos chamar assim, contradições, nesse período todo que estou aqui."

TRANSIÇÃO: DE ESTATAL A PRIVADA

A transição da privatização, iniciada em 1996, quando foi oferecido o primeiro plano de desligamento voluntário, prolongou-se até os primeiros meses de 1999, quando terminou o primeiro semestre da nova gestão. Esse período foi decisivo na orientação pessoal e profissional dos empregados da estatal. Muitos puderam se aposentar nos dois planos (1996 e 1998), outros encontraram oportunidades em outras empresas ou atividades, mas a maioria permaneceu na ServA.

Plano de desligamento voluntário em uma empresa a ser privatizada

O Programa Nacional de Desestatização tinha como objetivos desonerar o governo de investimentos em áreas estratégicas para as quais não havia recursos monetários suficientes e permitir que, com aportes da iniciativa privada, as empresas pudessem obter maior eficiência e agilidade operacional.

Neste contexto, o programa de governo previa que as empresas a serem privatizadas passassem por processos de reformulação de seus quadros de pessoal, implementados, via de regra, em planos de desligamento incentivados.

Com a ServA não foi diferente. Em 1996 – dois anos antes, portanto, da efetiva privatização – foi oferecido, conforme já relatado, um Plano de Desligamento Incentivado – PDI, que tinha por objetivo estimular o desligamento de funcionários com muitos anos de serviço e próximos da aposentadoria.

Uma das principais características do plano era o conjunto de condições de elegibilidade: os funcionários não poderiam ter, ainda, atingido as plenas condições para a aposentadoria pelo sistema de previdência oficial, e deveriam ter pelo menos 20 anos de trabalho na empresa. Assim, a possibilidade de adesão ao plano estava limitada àqueles com menos de 35 anos de trabalho, no caso dos homens, com menos de 30 anos, no caso das mulheres e que tivessem, ao mesmo tempo, no mínimo 20 anos de trabalho.

A implantação do programa teve um aspecto peculiar: a flexibilidade para arrependimentos. Empregados que aderiram ao plano puderam, em algumas circunstâncias, voltar atrás. O mesmo ocorreu com aqueles que não tinham optado no prazo estipulado: permitiu-se a eles a adesão, mesmo após o encerramento das inscrições.

Segundo um gerente da área de recursos humanos, essa flexibilização causou vários inconvenientes operacionais, uma vez que prazos legais de pagamento de indenizações e tributos deveriam ser obedecidos nos casos de desligamentos.

> "Mas a empresa, ela começou a flexibilizar. Às vezes a pessoa tinha aderido (ao plano), depois se arrependia e voltava atrás. Depois cismava e entrava de novo. Quem não quis aderir, quis depois e a diretoria aceitou essa flexibilização até pelo próprio momento. Isso tornou a coisa muito difícil de trabalhar."

Esse entra-e-sai originava-se, segundo o mesmo gerente, da grande ansiedade que se instalou no grupo-alvo do programa:

> "A ansiedade desse grupo que entra, que está entrando num processo desses, mesmo que tenha as condições prévias, é muito grande, assim como a insegurança."

Razões para o PDV

Necessidade de enxugamento, preparação para a privatização, uma forma de dar dinheiro aos funcionários que saíssem foram os motivos apontados pelos entrevistados para o plano de desligamento oferecido pela ServA.

Em relação à perspectiva de dar auxílio financeiro àqueles que aderissem ao plano, houve duas interpretações. Às vezes, creditava-se a generosidade do plano a uma manipulação que beneficiava, principalmente, os funcionários em posição de comando. Outras vezes, entendia-se que a concessão desses benefícios tinha o objetivo de ajudar as pessoas a iniciar outra atividade fora da empresa.

> "Eu entendi, na época, que já tivesse sido... uma preparação para esse momento de privatização. 'Vamos aproveitar e fazer isso agora, porque na hora da empresa privada chegar, não sei se eles vão querer fazer'. Então, (era) assim, um 'ajeitamento de bola' para aquelas pessoas que durante muitos anos se dedicaram. Aí saiu muita gente do topo da pirâmide. Queriam sair com um dinheiro maior, com um prêmio pelos bons serviços prestados."

"Eu acho que é uma oportunidade também que se dá àquele colaborador, àquele empregado, para que ele... possa estar procurando alguma coisa fora daquela atividade que ele vinha exercendo há mais tempo."

Para alguns funcionários, a questão se resumia a diminuir o quadro de pessoal, tendo em vista a privatização, incentivando pessoas mais velhas e com salários maiores a se desligarem. O objetivo seria diminuir o quadro de pessoal de uma empresa que estava "inchada".

"Bem, eu percebo o seguinte: ela [a empresa] precisa enxugar o quadro de pessoal e eu senti, bem no fundo, que ela precisava ficar livre daquele pessoal que já estava mais próximo de se aposentar. Pessoal com mais tempo de casa e com o salário mais alto."

Motivos para aderir

As adesões ao plano foram feitas majoritariamente por pessoas perto de se aposentar. Além disso, naquela época, duas questões se apresentavam no cenário nacional: a mudança da legislação da previdência social e a própria privatização da empresa. Assim, os fatores que mais contribuíram para a adesão ao plano foram: proximidade da aposentadoria, insegurança em relação à legislação previdenciária, possibilidade de privatização e realização de uma atividade paralela fora da empresa.

A realização do plano pode ter servido, ainda, como um alerta para a privatização, estimulando os funcionários mais inseguros a aderirem. A empresa, todavia, não objetivou essa sinalização e parte das pessoas também não interpretou o plano de demissão voluntária como sinalização de privatização.

"Eu achei que ele seria interpretado por várias pessoas como uma grande sinalização: 'Olha, nós vamos privatizar mesmo. A privatização está chegando, tanto é que estão oferecendo o PDI'. Mas não foi isso que eu percebi de forma geral. Isso não apareceu. ... Eu percebo o seguinte, ... não foi colocada a coisa com essa intenção, ou seja, ninguém explicitou este objetivo 'Olha, vai privatizar e já é o começo'. Não teve isso. Eu tenho a impressão, de uma maneira geral, que elas só acreditaram mesmo, para valer, na questão da privatização, no momento em que ela ocorreu."

Razões para a não adesão ao PDV

Quatro motivos predominaram nas justificativas daqueles que optaram por não aderir ao plano: (a) tempo de permanência no trabalho insuficiente para ter direito à aposentadoria plena; (b) o incentivo monetário considerado insuficiente para justificar o pedido de desligamento; (c) a ausência de oportunidades fora da empresa – um novo emprego ou um negócio próprio e (d) segurança e satisfação no trabalho.

> "Não tinha o tempo para aposentar nem nada. Financeiramente eu não estou estável, nem nada. Conversei com minha mulher e achamos melhor... não tivemos muita opção lá fora para poder sair da empresa. O dinheiro não era compensador. Aqui no Brasil você tem que se aposentar e continuar trabalhando com outra coisa."

> "A situação que nós vivemos... não é de agora, neste país, a questão do desemprego. Você está bem, está empregado, está prestigiado, está fazendo um trabalho que você gosta, não tinha sentido, não tinha porque você pensar num desligamento."

Havia uma percepção de que a saída só seria vantajosa se fosse possível obter a complementação de aposentadoria fornecida pelo fundo de pensão, se não em seu valor pleno, pelo menos num valor próximo ao máximo. Tal raciocínio devia-se, em parte, ao fato de que o fundo de pensão só complementava pelo teto aqueles que tivessem, no mínimo, 57 anos de idade.

> "Eu, particularmente, não tive o menor interesse de entrar nesse programa porque não tinha tempo para estar me aposentando, não tinha perspectiva de estar montando nada para mim."

PREPARAÇÃO PARA A PRIVATIZAÇÃO

Desacreditando na possibilidade

Embora o Programa Nacional de Desestatização já estivesse em andamento há vários anos e uma série de empresas já tivesse sido privatizada, na ServA havia uma certa descrença de que isso pudesse acontecer com a própria empresa.

Vários depoimentos apontam para esse comportamento de negação da possibilidade da privatização. Os principais motivos relatados para a descrença foram: (a) esperança de que a eleição para presidente da República pudesse dar um curso diferente ao programa de privatização; (b) expectativa de que, devido ao porte da empresa, não houvesse nenhum grupo com recursos suficientes para adquiri-la; (c) esperança de que a população se levantasse contra a privatização e (d) crença de que o "jeitinho brasileiro" entraria em ação para evitar a venda.

> "Eu acho que o pessoal achava que não ia acontecer, porque, no Brasil, sempre se dá um 'jeitinho'. Na última hora, não ia privatizar, ia acontecer alguma coisa que ia impedir isso. Eu não acreditava que o pessoal achasse que realmente a coisa ia ser efetivada, não. Achavam sempre que ia 'terminar em pizza' e que, no final, dariam um 'jeitinho brasileiro' e não iam privatizar."

Preparação dos funcionários

Consciente de que o processo de privatização seria inevitável, a administração da ServA iniciou um trabalho de preparação dos funcionários, que se concretizou em uma série de palestras promovidas não apenas na capital, como em cidades do interior do estado.

Ações individuais das chefias, no sentido de conscientizar os funcionários da privatização iminente, também foram desenvolvidas:

> "Eu atuei na função gerencial e conversava muito sobre essas coisas com o grupo. Exatamente para as pessoas entenderem que essa coisa de estatal e privatização tem algo muito mais complexo por trás, que é o sistema capitalista."

Se, de uma forma geral, os funcionários não acreditavam na privatização, ainda assim alguns empreenderam ações que os tornaram mais bem preparados para o futuro.

> "Antes de privatizarem, muita gente começou a entrar em curso de italiano, curso de espanhol. Esse tipo de colocação mostra que a pessoa quer buscar crescer. A pessoa enxerga: se eu estiver em cima, for um funcionário competente, atender àqueles requisitos de tecnologia, eu vou alcançar e vou melhorar a minha vida."

A questão dos cursos de idiomas é curiosa. Muitas vezes a escolha do aprendizado de uma nova língua foi orientada pelo que se imaginava ser o idioma do acionista controlador. Assim, se houvesse uma expectativa de que espanhóis adquirissem a empresa, esta seria a língua escolhida para estudo.

> "Então o pessoal começou a fazer curso de inglês, curso de espanhol, ou um curso a mais de extensão, procurando aprimorar seus conhecimentos."

Privatização: temores e esperanças

Muito mais do que passar o controle acionário do governo para a iniciativa privada, a privatização veio carregada de significados simbólicos que a fizeram ser objeto de temor, de um lado, e de esperanças, de outro.

A questão mais importante, sem dúvida, que se configurava na cabeça dos funcionários entrevistados, era a estabilidade do emprego. Havia uma consciência de que as práticas de retenção das empresas privadas eram diferentes daquelas das estatais. Para alguns, a privatização era sinônimo de demissão.

> "Qual é o grande temor da privatização? Na visão de quem está dentro de uma estatal, é perder o emprego. A empresa X

privatizou, ficou com a metade das pessoas; a empresa Y privatizou, também ficou com a metade das pessoas. Então o sinalizador mais forte das pessoas era que a privatização significaria, num primeiro momento, perda do emprego."

"Viam a privatização como um monstro, que ia acabar com tudo, demitir todo mundo."

Para outros, a privatização representava oportunidades que não estavam disponíveis na empresa estatal, como, por exemplo, o desenvolvimento de novos projetos e, mesmo, a possibilidade de uma promoção.

"Porque eu gosto de mudanças, então eu estava querendo uma coisa assim. Porque quando era pública, todo mundo dava a desculpa: 'A gente não pode dar promoção, porque nós não temos autonomia, o governo não deixa'. Aí eu falei: vai privatizar, vai ficar melhor. Eles vão ter autonomia para reconhecer a gente. Mas ainda não aconteceu."

PROGRAMA DE DESLIGAMENTO INCENTIVADO NA EMPRESA RECÉM-PRIVATIZADA

Como já relatado, a ServA foi privatizada em meados de 1998. De acordo com o edital de concessão, se houvesse demissão em massa nos primeiros 180 dias, a empresa deveria fazê-la na forma de um plano incentivado. Ciente de que este seria o momento adequado para sinalizar mudanças, a direção da ServA optou por lançar um Plano de Desligamento Incentivado – PDI logo nos primeiros meses da nova gestão.

Motivos para o PDI

Como empresa privada, a ServA deparava-se com cenário de negócios substancialmente diferente daquele que enfrentara como estatal. Do ponto de vista do ambiente, vários foram os desafios. De um lado, a entrada de concorrentes diretos em seu ramo de atuação. De outro, o surgimento de novas tecnologias, que a empresa não dominava e que substituiriam a forma mais tradicional de atender ao cliente.

Além disso, como monopolista em um mercado com elevada demanda, a empresa não via a necessidade de vender o seu produto. Na nova configuração ambiental, teria de concorrer com outras na conquista do cliente e na manutenção de sua rentabilidade.

A implantação do plano de redução de pessoal foi encarada por seus funcionários a partir de várias óticas. O entendimento mais comum foi o da necessidade de redução de custos, tanto para chegar ao nível de gastos de uma empresa concorrente do mesmo ramo, quanto para conseguir maiores lucros.

> "Após a demissão, quanto se vai economizar por mês? Eram as informações que nos eram solicitadas pelos novos acionistas. Qual vai ser a economia mensal? Então, foi muito focado em cima de custos."

> "Olha, na minha opinião, foi para diminuir custos, porque a empresa privada, ela visa muito esse lance de lucro. E quando você tem recursos humanos, eles são altos."

Se a percepção de que os acionistas desejariam maiores lucros foi considerada um forte motivo para o plano, há que se observar o quanto os empregados entendiam haver a necessidade de se estar apto para enfrentar a concorrência. Assim, no entender de alguns, o mercado teria mudado de forma substancial, obrigando a empresa a tomar medidas para enfrentar uma nova situação: "Nesse mercado competitivo que a gente está enfrentando já e vai enfrentar, as empresas que não tiverem demitido não vão realmente conseguir colocar o serviço no mercado a um preço competitivo. A parte de custos com pessoal é um fator importante."

Outra linha de interpretação foi a de que os benefícios oferecidos no plano funcionaram como uma compensação/incentivo aos que optaram pelo desligamento, permitindo uma saída menos traumática ou funcionando como um estímulo àqueles que estavam perto da aposentadoria e desmotivados para continuar trabalhando num ritmo que se afigurava, no futuro, muito mais intenso.

Por fim, alguns funcionários percebiam que, além de todos os motivos já apresentados, o quadro de pessoal era, realmente, excessivo, havendo oportunidade para enxugamento.

> "A empresa tinha o objetivo de reduzir o quadro. Já era um objetivo definido. Então, ela tinha que reduzir o quadro e lançou o plano."

> "Ela ainda tinha alguns excessos. Ela realmente não tinha, dentro do contexto político (de estatal), como fazer. Chegar aqui e falar: 'Eu vou pegar aqui 500 pessoas e vou demitir'. Isso, politicamente, seria inviável."

Para alguns funcionários, os motivos se juntaram e se sobrepuseram, num entrelaçamento de causas e conseqüências que formou um complexo conjunto de forças.

> "Primeiro, a necessidade de já ir trabalhando na redução de custos, dentro desse enfoque de ir se preparando para o mercado competitivo, para se tornar uma empresa competitiva. E por que ela fez o incentivo e não demitiu? Exatamente no sentido de não criar um clima de total insegurança na força de trabalho... Isso é muito grave em empresa que não cuida dessas questões com cuidado."

Por que aderir ao PDI

Conforme já relatado, o prazo para a adesão foi de apenas cinco dias. Os funcionários foram informados sobre o plano por carta e pela rede interna de computadores. Em terminais, puderam acessar as informações pertinentes ao seu caso e decidir sobre a conveniência – ou não – do pedido de desligamento,

As razões mais apontadas para a adesão foram: proximidade da aposentadoria, incerteza em relação às novas leis do INSS, incentivo monetário. Outras razões citadas foram a realização de atividades profissionais paralelas e a percepção de falta de qualificação.

Os funcionários que estavam perto de se aposentar e que teriam direito à complementação integral ou proporcional do fundo de pensão teriam ficado "eufóricos", pois, além da garantia de uma boa renda, receberiam, ainda, um incentivo monetário para se desligarem. Assim, segundo depoimento de um gerente de recursos humanos, os pedidos de aposentadoria quintuplicaram de um mês para o outro.

> "Houve assim um clima de euforia. De uma parte, houve um certo clima de euforia. Porque falaram assim: 'Era a chance de que eu precisava para ir embora. Estou perto de aposentar, com mais um ano de contribuição eu aposento'."

Para outros funcionários, o plano gerou incerteza, pois, na época, uma nova lei de aposentadoria estava sendo votada no Congresso. As pessoas tinham medo de que, com a alteração da lei, fossem obrigadas a trabalhar anos adicionais para terem direito à aposentadoria.

> "Muita gente tinha receio. Primeiro, mudança de legislação do INSS. Então, gente que já tinha 28 anos de contribuição ficava com receio de mudar a lei e ter que trabalhar mais tantos anos. Esse era um outro receio, então (aderir) seria uma oportunidade. Ainda se aliava o fato de, às vezes, a pessoa já ter uma idade maior e poder se aposentar proporcionalmente pela fundação. ... Então, (para) esses, nessa categoria, foi uma alegria geral... "

Outros, ainda, manifestaram uma insegurança relativa ao seu futuro na empresa privada. Cientes de que as condições e as exigências seriam maiores, sentiam-se despreparados e tinham medo de serem demitidos no futuro. Para esses, embora o desligamento não fosse a situação ideal, a possibilidade de ter que sair da empresa sem incentivo, apenas com os direitos trabalhistas, funcionou como estímulo à adesão.

> "Ele falou que estava percebendo que estava ficando obsoleto. Então, começou a perceber que, por mais que ele soubesse, a meninada que está chegando aí está chegando muito pronta. Então aquilo tudo que ele aprendeu a vida inteira nessa área de ciên-

cia da computação, que ele carregou com ele, aquela bagagem enorme, não estava valendo porcaria nenhuma."

Em função da onda de privatizações e de demissões no país, alguns funcionários começaram a se preparar para uma eventual saída, iniciando atividades profissionais paralelas. Para estes, o plano ofereceu a oportunidade de sair da empresa, dedicar-se mais ao outro trabalho e, ainda, obter um adicional monetário, ou seja, conforme o depoimento de um empregado, "juntar o útil ao agradável".

Embora fosse um plano de adesão voluntária, alguns chefes aproveitaram a ocasião para recomendar a determinados funcionários – menos preparados para as novas exigências ou menos dispostos a acompanhar o novo ritmo – que aderissem ao programa, sob pena de poderem, posteriormente, ser demitidos.

> "Eu vou te dar um exemplo: eu tinha seis pessoas que teriam que sair. Eu, como macaco velho, esperei até segunda-feira que elas aderissem. Se não aderissem, eu conversaria com elas dizendo que era recomendável que elas aderissem. Como meu santo é forte, todas as seis que eu precisava fazer com que aderissem, todas as seis entraram (no plano). Uma ficou para o último dia. Depois do almoço, ela aderiu. Se ela não tivesse aderido, eu chamaria e diria a ela: 'Olha, eu sugiro que você faça a adesão, porque amanhã eu já não posso garantir a sua sustentação aqui'."

> "Foi um susto. Eu vi gente chorando, desesperada, pessoas que nem sonhavam que iam ser demitidas naquele momento. Achavam que no plano entrava quem quisesse e se viram acuadas com o gerente convidando-as a sair da ServA. Eu mesma tenho uma colega que foi convidada-as participar e foi um trauma para ela muito grande. Sem renda nenhuma porque não pode se aposentar, sem perspectiva de trabalho aí fora. O trabalho aí fora está uma loucura. Eu não vi só essa moça, como eu vi muitos pais de família sendo convidados a aderir."

Por que não aderir ao PDI

Os principais motivos relacionados pelos entrevistados para a não adesão foram: o tempo que faltava para se aposentar pelo INSS, o tempo que faltava para se aposentar pela fundação, o percentual a ser recebido pela fundação em caso de aposentadoria proporcional, a situação do mercado de trabalho, a situação familiar, o valor do incentivo monetário, o tempo necessário para recuperar o valor do incentivo, oportunidades dentro da ServA, gosto pelo trabalho e, por fim, o vínculo afetivo com a empresa.

Para aqueles que desejavam permanecer na empresa, um cálculo havia de ser feito. Quanto tempo seria necessário ficar para contrabalançar o valor do incentivo monetário a ser recebido de uma só vez, caso aderissem ao plano? Esta era a questão crucial. Se a pessoa se sentisse segura o suficiente para assegurar seu emprego por esse tempo, então valeria a pena correr o "risco de ficar".

> "Eu pensei assim: eu me considero um bom funcionário, uma pessoa que sempre trabalhou com espírito, não de empresa estatal, sempre trabalhei da forma que eu acho que a minha consciência manda trabalhar. Aí, eu falei: 'Não vou arriscar não. Vou ficar e quem sabe se eu ficar aqui mais um ano, nessa empresa privada, ou mais dois anos, esse dinheiro retorna para mim de alguma forma. Não na mão de uma vez, mas ao longo desse tempo'. E resolvi correr o risco de ficar."

Para um outro funcionário, o cálculo do "risco" envolvia questões como o valor do incentivo financeiro, o gosto pelo trabalho, a auto-avaliação da importância de seu trabalho para a ServA e as vantagens financeiras oferecidas no caso de manter o emprego.

> "Eu pensei da seguinte forma: 'Eu trabalho na ServA porque eu gosto. Eu gosto do trabalho que eu faço'. Eu poderia estar fazendo esse trabalho lá fora? Poderia. Eu poderia estar no mercado. Por que eu não faço isso? Por todas as comodidades que o emprego me dá, por exemplo, um plano de saúde, a certeza do salário no final do mês. Na verdade, eu nunca tive coragem de enfrentar o mercado. Eu achei que não valia a pena. E, ao mesmo tempo, eu pensei

comigo: 'O meu trabalho é importante para a empresa. Tenho certeza de que eu não vou ser demitido porque eu tenho consciência da importância que esse trabalho representa na empresa'."

Um entrevistado disse que pesaram em sua decisão: o mercado de trabalho – que na época não absorveria o pessoal especializado da ServA –, a motivação para o trabalho e a expectativa de melhoria da empresa.

"Não penso em aposentar, eu ainda estou longe. Eu tenho 22 anos de empresa, são os meus únicos 22 anos e eu tenho 44 anos de idade. Então eu tenho muito tempo pela frente... Eu acho que trabalhar é uma referência na vida pessoal. Porque eu acredito no meu trabalho, eu tenho a expectativa de que a empresa vai melhorar."

Um dos depoimentos apontou para a consideração simultânea de quase todos os fatores indicados. Embora não se possa inferir uma fórmula de cálculo, depreende-se uma complexidade de pensamento e de considerações de prós e contras.

"Aqui dentro eles estavam pagando um pouco mais do que o mercado pagava. Então, eu achei temeroso aderir para me capitalizar agora e depois, em pouco tempo, eu me descapitalizar. Não ter onde entrar, porque eu não estou perto de me aposentar, ainda falta bastante coisa. ... Eu não aderi porque eu não senti muita motivação entre o valor que eu ia receber em dinheiro, as perspectivas que eu tinha no mercado e as perspectivas de crescimento que poderiam ser abertas após a saída de algumas pessoas aqui dentro. Eu encaro isso como uma oportunidade. Acho que posso ter uma perspectiva de crescimento maior aqui porque começam a abrir espaços, começam a sair as pessoas de cima, o debaixo sobe, o outro sobe e a gente vai ocupando espaços. Eu comecei a pensar o seguinte: eu sou separado, mas meus dois filhos moram comigo. Tenho um volume X de gastos, X por mês. Eu calculei que, pelo que eu ia receber, eu conseguiria ficar ainda, se não entrasse nada, talvez uns dois anos e meio a três anos sem precisar me preocupar. Em dois anos e meio ou três anos, eu achei complicado. Porque qualquer coisa que eu iniciasse... eu achei que eu não conseguiria fazer a coisa decolar... Então foi isso.

Uma parte foi movida pela cautela, outra foi movida pela vontade de ver mais o que vai acontecer. Mais ou menos isso."

Os funcionários tinham, então, múltiplas razões para a não adesão ao plano. A decisão, via de regra, parece ter decorrido de uma reflexão em que vários aspectos foram considerados para se chegar ao resultado final.

Poder-se-ia perguntar, no entanto, se algumas das considerações tiveram peso maior do que outras. Na verdade, não há como se garantir que um determinado fator tenha tido preponderância sobre os demais, mas pode-se, pela repetição dos argumentos, sugerir uma tendência para a maior importância de alguns motivos. Assim, três argumentos apareceram com mais ênfase: o tempo para ter direito à complementação do fundo de pensão, as perspectivas do mercado de trabalho e a situação no trabalho dentro da empresa.

A questão do tempo para se ter direito à complementação de aposentadoria se afigurou como crucial para os entrevistados, pois, segundo as regras do fundo de pensão, aposentadorias ocorridas antes do prazo estipulado implicariam grande perda monetária.

As dificuldades do mercado de trabalho, por sua vez, geravam pessimismo. As possibilidades de conseguir um novo emprego, abrir um novo negócio ou mesmo exercer uma atividade de consultoria não ofereciam um incentivo à adesão.

Para aqueles que tinham se especializado nas atividades típicas do setor, o mercado ainda não estava atrativo o suficiente. Para os que exerciam atividades administrativas, a percepção era de que o mercado já estava saturado. A mesma consideração – excesso de oferta – foi feita por aqueles que pensaram em prestar serviços de consultoria: "Está brabo o mercado de consultoria. Está complicado e tem muita gente aí se fazendo passar por consultor e fazendo uns trabalhos mais ou menos e cobrando mais ou menos, só para se manter."

Os que consideravam a possibilidade de ter um negócio próprio reconheciam que não estavam preparados para tal ou que o valor do incentivo não era suficiente para iniciar um empreendimento próprio.

Por outro lado, os entrevistados referiram-se com muita ênfase e freqüência à satisfação que tinham com a atividade que exerciam. Viam sua tarefa dentro da empresa como inacabada, tendo, ainda, muito a contribuir.

> "Só que não era a hora. Só por causa disso. Porque eu acho que eu ainda tenho muita coisa para fazer aqui. Eu tenho uns projetos, inclusive eu tive um projeto que foi premiado..."

Havia, ainda, a questão dos laços afetivos criados com a ServA e com os colegas de trabalho, que teriam cegado a lógica de pessoas que deveriam ter aderido e não o fizeram.

> "Existe um certo... apego não é uma palavra boa, mas existe uma certa ligação, amor ou vínculo. Qualquer desses nomes, que eu acho que tende a cegar um pouco a lógica. Então, pessoas que podiam tomar a decisão mais acertada de sair não o fazem. Não o fazem porque a vida aqui dentro, a vida da pessoa se resume a vir para o serviço, ficar o dia inteiro, almoçar no restaurante da empresa com os colegas, muitos até bastante amigos, voltar para casa e, no dia seguinte, vir de novo."

Por fim, outro motivo apontado para a não adesão ao plano foi o valor do incentivo financeiro, considerado insuficiente, o que justificaria o "risco" de ficar na empresa.

Hora de decidir: apreensão e insegurança

Um clima conturbado formou-se nos dias de adesão ao plano. Uma das razões seria a incerteza acerca do futuro, pois as pessoas percebiam que, se a meta de adesões não fosse atingida, poderia haver demissões numa etapa posterior.

"Aí a empresa quase parou. Houve uma ansiedade total. Houve uma turbulência muito grande, porque já tinha na empresa sintomas de que ela faria demissões."

Para aqueles que ainda não tinham tempo de aposentadoria, a questão tornou-se ainda mais difícil, uma vez que tiveram de optar entre sair e receber um incentivo imediatamente ou ficar e se arriscar a ser mandado embora posteriormente. Outros, curiosamente, apostaram na possibilidade de um plano de desligamento mais vantajoso vir a ser lançado, o que justificaria a não adesão do momento.

Casos houve de pessoas que, arrependidas, procuraram, junto à gerência e à diretoria, modificar sua decisão. Depois de aderir ao plano, um funcionário tentou voltar atrás devido a problemas familiares causados por sua decisão.

Foram dias de muita apreensão na empresa. Decisões que, para boa parte dos funcionários, significavam alterar o rumo de sua vida profissional tiveram que ser tomadas em curto espaço de tempo.

O desempenho dos gerentes

Embora a empresa tivesse apresentado o plano em primeira mão para os gerentes, não houve uma preparação formal para adotar um comportamento gerencial uniforme. Cada gerente exerceu o papel que achava mais adequado.

Para alguns, sua tarefa foi ouvir desabafos e depoimentos de angústias e incertezas. Para outros, a principal função foi a de informar sobre a situação geral em que a empresa se encontrava.

"Eu conversei com as pessoas, muitas horas. As pessoas vinham a mim já sabendo de tudo, tanto quanto eu, talvez um pouco mais, porque a vida de cada um pertence a cada um. Mas elas queriam que alguém as ouvisse: ' Eu quero que alguém me ouça, porque a minha mulher não entende nada disso'."

Numa linha de ação diferente, um gerente disse ter adotado uma postura mais participativa, chegando a dar conselhos a seus funcionários. Em sua avaliação, ele teria sido "menos gerente e mais ser humano".

O diretor de Recursos Humanos considerou tratar-se de uma decisão pessoal a ser tomada junto a esposa, filhos e familiares. Relatou, no entanto, um caso – o único, segundo ele – em que, contrariando suas convicções, aconselhou uma funcionária, com longos anos de empresa, a aderir ao plano.

> "'O dia em que você quiser, me manda embora', isso ela dizendo para mim. 'Estou sendo sincera, não vou aderir. O dia em que você quiser me mandar embora, não precisa se preocupar, que eu não aderi há X meses ou anos atrás. Pode me mandar embora, que eu não vou brigar com você'. Eu falei: 'Tá bom'. E não mandei mesmo, ela foi continuando. Ela fazia o trabalhinho dela, não era nenhuma coisa maravilhosa, mas ela fazia o trabalhinho que era requerido. Quando chegou esse plano, ela me procurou: 'Você acha que eu devo sair?' Eu respondi: 'Eu acho o seguinte: o plano melhorou muito e o seu espaço diminuiu muito. Eu vou ser franco, se você não sair nesse plano' – foi a única pessoa com quem eu falei desse jeito – 'se você não sair nesse plano, você vai ser demitida'. Aí ela falou: 'Eu gosto tanto daqui...'. Saiu e depois veio aqui. Estava numa alegria, pegou o dinheiro dela, comprou um carro, aprendeu a dirigir, saiu feliz da vida".

Por fim, um dos gerentes sugeriu ter sido um processo rico por ter lhe dado a oportunidade de ouvir dúvidas e reflexões de tantos funcionários:

> "Você vivencia o drama das pessoas, dúvidas que as pessoas têm. Elas te procuram, conversam. O que você acha, o que você não acha? Quando você sai (do processo), acho que isso acaba lhe enriquecendo muito."

Na ausência de uma orientação geral da companhia, ficou a cargo de cada gerente a interpretação de seu papel frente aos seus subordinados. De uma forma geral, na percepção dos gerentes, abrir um espaço de reflexão, dar apoio e compreensão aos funcionários foi mais importante do que auxiliar na decisão final propriamente dita.

Divulgação do PDI: facilidades no computador

A divulgação do plano foi feita em todos os níveis da ServA e por vários meios. Houve um comunicado por escrito a cada funcionário, mas o principal meio de divulgação foi a rede interna de computadores. Nela, cada funcionário, através de uma senha, podia ter acesso aos dados relativos ao seu processo, inclusive o valor do incentivo monetário a que teria direito caso aderisse ao programa.

A adesão também deveria ser feita pelo terminal, o que permitiu à gerência acompanhar em tempo real a evolução dos pedidos na empresa por área.

Atendendo a pedidos de informação de interessados, o setor de Recursos Humanos reuniu funcionários para explicar o plano mais detalhadamente e tirar dúvidas. Alguns departamentos fizeram reuniões com seus funcionários e gerentes tiveram a iniciativa de reunir seus subordinados para conversas mais francas.

A comunicação informal funcionou de duas formas: primeiro, como uma rede de suporte, consulta e mesmo de pressão entre colegas acerca da decisão que cada um deveria tomar e, segundo, como uma rede informações sobre o processo de adesões.

> "Eu senti que foi pessoal, senti que as pessoas procuravam os outros. O pessoal trocou muita idéia... O pessoal procurou as pessoas de mais confiança, pessoas com mais experiência. Colegas aconselharam: 'Se eu fosse você, eu sairia'. Isso foi muito conversado. Mas foi uma coisa com a empresa à parte. ... Os gerentes também caíram na mesma situação, pois eles também poderiam aderir. Então, muitas vezes, os gerentes trocavam idéias conosco."

Circularam boatos acerca de demissões que poderiam ocorrer, posteriormente, caso funcionários com mais tempo de empresa não aderissem ao plano. Como antes da implantação do plano a empresa havia realizado uma avaliação dos funcionários[4], temia-se que empregados com avaliações piores fossem demitidos.

> "Vazou e eu achei muito interessante é que, quando vazou essa informação [da avaliação], já havia a informação do plano. Porque parece que os camaradas relaxaram um pouco na guarda dessas informações. E aí as pessoas já ficaram sabendo: 'Que letra que você é? E começou aquele papo de letra para cá, de letra para lá. Isso era inevitável."

Na verdade, alguns funcionários relataram que a empresa tinha, com base nessa avaliação, uma lista de demissão com cerca de 800 nomes. Entretanto, a orientação da *holding* para a implantação do plano de adesão voluntária teria tornado esta lista desnecessária.

Críticas e elogios ao PDI

Uma das críticas mais comuns ao plano foi o caráter de adesão voluntária, que impediu a empresa de controlar os desligamentos. Na perspectiva da maioria dos entrevistados, este aspecto foi falho, pois muitos funcionários considerados tecnicamente competentes saíram e outros, não tão competentes, permaneceram. "Quem precisava ficar, saiu, e quem tinha que sair, está aqui até hoje."

Outra crítica se referiu ao tempo para a adesão, considerado muito curto para decisão tão importante, o que gerou uma grande ansiedade.

---

[4] Segundo um dos entrevistados, foram atribuídas letras ao desempenho de cada funcionário. Assim, a letra A indicaria o funcionário estratégico para a empresa. A letra B indicaria o bom empregado, a letra C aquele que ainda não estaria bom, mas teria potencial para melhorar. A letra D seria subdividida em dois tipos: D+ e D-. Aqueles com D+ teriam que ser dispensados e suas posições seriam repostas, os com D- seriam dispensados sem reposição das vagas. A letra R estaria reservada àqueles passíveis de serem remanejados.

> "Justamente, por não ter esse tempo para a pessoa avaliar. As pessoas estão decidindo a vida delas, não estão decidindo se vão comprar uma calça ou não. E a pessoa ter cinco dias para decidir isso... então algumas pessoas ficaram doidas mesmo. Foi uma loucura, ninguém trabalhou nesses dias."

Reclamou-se, também, que a indenização independia da produtividade do funcionário. Empregados que produziam mais teriam se sentido igualados a outros menos competentes, porque teriam direito à mesma indenização que eles.

> "Estão oferecendo à pessoa que tem um compromisso ou não com a empresa, em termos proporcionais, o mesmo dinheiro que estão me oferecendo, sendo que eu sou uma pessoa que batalhei a vida inteira, me esforcei a vida inteira. Então eu acho que isso, nesses programas, é uma coisa muito séria. Eu acho que isso é uma coisa que também machuca para caramba."

Adesão ao PDI: despedidas

Para alguns funcionários, os colegas que aderiram ao PDI estavam, via de regra, com a vida bem encaminhada. Aqueles com formação técnica teriam ido trabalhar em empreiteiras, dando, portanto, seguimento à sua carreira profissional. Os de área administrativa tinham, na maioria, se aposentado. Os fracassos de empregados que tinham aderido ao primeiro plano, oferecido na época de estatal, teriam servido como alerta àqueles que se desligaram no PDI:

> "Normalmente as pessoas têm ido trabalhar em empreiteiras. Principalmente o pessoal técnico tem ido para empreiteira. As outras pessoas que trabalhavam na área administrativa saíram; a grande maioria saiu para se aposentar mesmo. E elas estão bem. Ninguém está mal. Nesse programa (PDI) não houve muito problema. Agora, nas demissões anteriores (PDV), a gente vê que muitas pessoas estão penando. Eram adesões voluntárias, mas pensou-se que lá fora estava muito bom. 'Vou montar o meu negócio'. O negócio não deu certo. Muitas pessoas até tentaram vol-

tar para a empresa. Agora a gente sentiu isso no PDI: o pessoal já estava muito mais consciente."

A questão da ligação afetiva com a empresa foi, também, um fato muito citado. Esse vínculo manifestou-se não apenas na hora de decisão de adesão ao plano como, igualmente, nos rituais de despedidas organizados pelos funcionários.

Segundo um funcionário, decidir pelo desligamento equivalia a separar-se de um marido ou de um filho. A vinculação afetiva era conseqüência de um longo período em que o trabalho havia estruturado a vida não apenas em termos da rotina diária, como também em termos de amizades e lazer.

> "Tem gente que nem muitas férias gostava de tirar. Esse é um lado da dependência, que a pessoa se liga na empresa e acha que só existe aquela empresa ali. Então para ela decidir sair da empresa, largar aquilo, é quase igual a decidir se separar do marido, ou separar do filho, ou qualquer coisa que o valha."

Rituais de despedida ocorreram, sendo interpretados de formas diferentes. Segundo um gerente, muitas festas foram realizadas, indicando que o plano tinha transcorrido de forma tranqüila, sem ter-se caracterizado como um momento traumático, fato comum em outras empresas. Para outro gerente, as despedidas foram acompanhadas de lágrimas e emoção, devido aos laços criados em anos de trabalho conjunto. Como boa parte da vida profissional do funcionário se desenrolou na ServA, é natural que um vínculo afetivo tenha se formado.

> "Em algumas áreas houve festa. Festa de despedida, café da manhã de despedida, jantar não sei onde. Teve de tudo. Então é um momento que, para muitas empresas, pode ser traumático, pode ser complicado. Mas aqui, especificamente na ServA, não foi, não. Foi uma tranqüilidade."

> "O ser humano é muito emotivo. A gente trabalha há muitos anos... (ficamos) chorando, emocionados de deixar os colegas... muitos anos juntos... é complicado mesmo. Mesmo a pessoa tendo uma

certa estrutura financeira, tem uma coisa que chama o emotivo. Por mais que ela trabalhe esse emotivo, ela não consegue, abre e na hora ela desaba mesmo."

Alguns funcionários que estavam se aposentando sentiam-se desorientados, sem saber o que fazer de suas vidas. Não tinham sido preparados para a aposentadoria e para uma vida fora da empresa:

> "Mas a maioria não estava preparada para se aposentar... ir programando o que você vai fazer quando estiver aposentado. E não se teve esse tempo. Você tem cinco dias para decidir se vai ficar ou não na empresa. Então choraram muito. Choraram por essa incerteza: 'O que é que vai ser da minha vida? Depois que eu estiver aposentada, o que é que eu vou fazer?' Porque se aposentaram novas, com 48 ou 49 anos. Quer dizer, eu considero uma pessoa que se aposenta nessa idade muito jovem ainda."

CAPÍTULO 4

A EXPERIÊNCIA DA SERVB

A ServB é uma empresa prestadora de serviços com âmbito de atuação na Região Sul do país. Seguindo o programa brasileiro de privatização, foi adquirida, em 1997, por um consórcio de sócios majoritariamente nacional. Tornou-se líder de mercado na Região Sul, em seu segmento de atuação.

BREVE HISTÓRICO DOS PROCESSOS DE *DOWNSIZING* NA SERVB

Ainda como estatal e tendo em vista a preparação para a privatização, a empresa ofereceu, no fim de 1996, um plano de demissão voluntária (PDV). Na verdade, dadas as restrições orçamentárias à época e a preocupação com a continuidade das operações, estabeleceu-se uma cota de adesões. Nem todos aqueles que se inscreveram puderam participar do plano. Numa das regiões geográficas da estatal, por exemplo, o número ideal de adesões era cerca de 3.500 pessoas. Como o número de interessados foi muito maior, cerca de 600 pessoas não tiveram seu pedido aceito.

Ao ser anunciado o ganhador do leilão de privatização, no final de 1996, iniciou-se uma fase de transição, com cerca de dois meses de duração, em que se manteve uma administração conjunta da estatal e do consórcio adquirente. Nessa época, os novos administradores formaram uma equipe responsável pela transição. Essa equipe estabeleceu as linhas da nova estrutura administrativa e decidiu que um plano de redução de pessoal fosse imediatamente implantado.

No início de 1997, finalmente, a nova direção assumiu, demitindo, logo no primeiro dia de sua gestão, cerca de 2.000 funcionários.

Para auxiliar os funcionários demitidos, a ServB ofereceu-lhes um pacote com benefícios financeiros que incluía, além de todas as verbas rescisórias previstas em lei, uma indenização monetária proporcional ao tempo de serviço na estatal. Além disso, de acordo com o edital de concessão, a ServB deveria implantar, no primeiro ano de privatização, um programa de incentivo à formação profissional de todos os empregados desligados sem justa causa.

Para realizar esse programa de incentivo à formação profissional, a ServB ofereceu cursos em parceria com o Sebrae, Senac e Senai. Como a massa de empregados desligados estava dispersa em três estados, foram enviadas cartas com lista dos cursos e formulários para a inscrição. Os cursos seriam realizados nas cidades, de acordo com a disponibilidade dos parceiros. As despesas de deslocamento e hospedagem seriam pagas pela ServB.

Durante os primeiros 12 meses após a privatização, a ServB enviou a correspondência relativa a esses cursos para cerca de 3.200 pessoas, das quais cerca de 600 se inscreveram. Realizaram o curso, no entanto, apenas 300 pessoas, ou seja, menos do que 10% daquelas que haviam sido informadas sobre a iniciativa.

Na avaliação dos funcionários responsáveis pelo programa de formação profissional, os motivos para a baixa participação no curso foram: (a) atraso no início do treinamento, cerca de seis meses após o PDI; (b) vergonha do empregado de sua falta de escolaridade e, portanto, medo de se expor; e (c) identificação de funcionários com suas atividades na ServB, o que dificultaria uma mudança de ramo profissional.

O plano de redução de pessoal, orientado por *benchmarks* nacionais e internacionais, incluía todas as áreas da companhia:

administrativa, operacional e comercial. Previa-se, porém, uma redução maior na área operacional, pois algumas atividades seriam terceirizadas e outras eliminadas, com a otimização de processos e procedimentos.

A estatal tinha escritório em dois estados, o que gerava duplicidade de funções, como, por exemplo, as de recursos humanos, contabilidade e orçamento. Por isso, planejavam-se a fusão das duas unidades e a concentração das atividades em um dos escritórios, restando ao outro apenas a parte operacional da região e um pequeno departamento de apoio. Todas essas medidas, na opinião da nova direção, justificavam a eliminação de um grande número de postos de trabalho.

Para que esse contingente de pessoas a serem desligadas pudesse ser selecionado, coube à nova administração preparar os gerentes para a tarefa com a realização de palestras. Como não havia demissões na empresa estatal, faltava aos gerentes, segundo o diretor de Recursos Humanos, preparo para cumprir a medida:

> "Fizemos palestras em toda a empresa, preparando essas pessoas para o processo de demissão, porque muitos deles nunca haviam demitido uma só pessoa. Uma característica da empresa pública era a estabilidade. Eles não estavam preparados para demitir. Então, nós tivemos que fazer um trabalho de preparação: explicar que a demissão era uma coisa necessária para viabilizar a empresa. Sem as demissões, a empresa era inviável. Preparamos os líderes para o processo de demissão".

Outros planos seguiram-se. Ao longo de 1997 e 1998, houve novas reduções substanciais de pessoal. Em junho de 1997, por exemplo, cerca de 600 pessoas foram demitidas. Em março de 1998, outras 200, aproximadamente, foram dispensadas. E em outubro de 1998, mais 500.

Do período de março de 1997 até maio de 1999 – mês em que esta pesquisa foi realizada – o número de funcionários da ServB caiu de 6.300 para 2.300, o que representa uma redução de, aproximadamente, 63% de seu quadro de pessoal.

ANTES DA PRIVATIZAÇÃO: A SERVB COMO ESTATAL

A partir de uma visão retrospectiva, os entrevistados relataram as principais características de funcionamento da ServB estatal. Segundo eles, a empresa tinha como principais defeitos: (a) dificuldade para demitir; (b) baixo comprometimento de muitos funcionários; (c) falta de condições para o trabalho; (d) remunerações e promoções iguais para todos, o que deixava funcionários desmotivados para o trabalho; (e) comunicação pouco ágil e (f) estrutura demasiadamente hierárquica, causando lentidão nas decisões.

Ausência de demissões

Não havia cultura de demissão na estatal. Aquelas chefias que tentassem despedir um funcionário enfrentavam não apenas um trâmite burocrático pesado, como também forças políticas contrárias, internas e externas. As forças internas estavam representadas pela própria inércia da organização e pela atuação de assistentes sociais que procuravam sempre encontrar uma solução para manter o funcionário. Externamente, a força política do sindicato impedia, também, demissões. Nas palavras de um chefe de área operacional, o processo transformava-se numa "*via crucis*" a ser seguida:

> "Na época de estatal, você pegava o cara em flagrante e fazia um termo de alcoolismo e essas coisas. Mas aí você tinha que comunicar ao sindicato, à assistência social, à chefia e a tudo o mais. No dia seguinte, estavam o sindicato, a assistente social, todo mundo atrás desse cara. Levavam ele para a capital, tratavam dele dois, três meses, tudo por conta do governo. O cara vinha de lá com viço, bonito, vistoso. Então eu pensava: 'E agora?'... Dali a um mês, dois, acontecia de novo. O cara caía bêbado, na farra, na jogatina e isso tudo. Mas a assistente social tentava recuperar a pessoa."

Sem comprometimento, baixa produtividade

Na ServB estatal, a falta de incentivo para o bom desempenho resultava em baixa produtividade de muitos empregados. Havia uma cultura paternalista, em que interesses pessoais se sobrepunham a interesses da organização, tornando esses funcionários pouco comprometidos com o trabalho.

> "Antigamente eles batiam o cartão às sete horas e vinham do vestiário às oito horas. Depois, iam tomar café. Nós conseguíamos fazer eles trabalharem com um tapinha nas costas. 'Quem sabe, por favor, vai lá e faz isso?' 'Ah, mas a minha mulher está doente, eu tenho que ir para casa, olhar meus filhos.' Assim era. Hoje, não. Só que, naquela época, nós tínhamos 50 a 70 caras aqui dentro. Hoje nós temos 34. Não tem mais febre, não tem mais nada".

Condições de trabalho inadequadas

As condições de trabalho na ServB estatal eram consideradas inadequadas. Na área operacional, por exemplo, faltavam constantemente peças para o conserto de máquinas. Algumas vezes, chegava-se a reciclar peças que já haviam sido descartadas. Por falta total de peças, os funcionários eram obrigados, muitas vezes, a interromper o trabalho. Tal situação os desmotivava, fazendo com que se sentissem insatisfeitos com o trabalho.

> "Muitas vezes tinha o serviço mas faltavam peças. Então, você era obrigado a fazer um serviço malfeito justamente por não ter peças. Então, profissionalmente, a gente se sentia um pouco ruim com essa situação. Eram peças reutilizadas, muita coisa que estava, muitas vezes, na lata do lixo. Tinha que ir lá buscar, para reutilizar, porque não tinha peça. Você tinha duas opções: deixava a máquina parada ou fazia uma tentativa de pegar uma peça já sucateada e colocar na máquina. Isso aconteceu várias vezes. Então, a qualidade da manutenção caiu uma barbaridade. E tudo isso aí fazia a gente ficar desgostoso de trabalhar numa firma estatal."

Havia uma preocupação com as condições de segurança. Sem fornecimento de roupas e equipamentos adequados para o trabalho, funcionários sentiam-se, em alguns casos, obrigados a arcar até com despesas de uniformes. O sentimento de descaso com os empregados e com o patrimônio da empresa é expresso no seguinte depoimento:

> "Eu mesmo, eu ficava revoltado e a turma também. Então, nós parávamos de trabalhar, pois os caras não se preocupavam com segurança de trabalho. Eles não davam luvas, não davam botinas. Eles não davam nada. Roupa, a essa altura do serviço, nós é que pagávamos. Nós é que pagávamos a nossa roupa. E os contracheques, tinha época que eles não entregavam no dia certo. Então, não era justo, e o pessoal se revoltava com aquela situação."

Falta de avaliação de pessoal: desestímulo

Sem um processo de avaliação individual que alimentasse o sistema de remuneração, os empregados da estatal recebiam aumentos independentemente de sua produtividade. Num processo de comparação, funcionários indicaram que se um colega não trabalhava, recebia aumento da mesma forma. Verifica-se, assim, que as práticas de recursos humanos desestimulavam aqueles dispostos a produzir.

> "O plano de cargos e salários e de merecimento era igual para todos. Se você fosse um bom funcionário ou fosse ruim, recebia a mesma coisa. Não tinha uma meritocracia. A pessoa recebia igual. Você trabalhava e trabalhava e ganhava a mesma coisa. Se você ficasse o dia inteiro lendo e eu ficasse fazendo tudo, seria a mesma coisa. Você não era reconhecido e eu também não. Tudo bem, ficava por isso mesmo."

Comunicação prejudicada

Com uma estrutura extremamente hierarquizada, a estatal tinha, também, um sistema de comunicação vertical que dificultava o acesso aos níveis superiores da empresa e distorcia a informação. Além disso, o fluxo e a rapidez de informação na empresa eram prejudicados pela prática de secretárias organizarem a agenda dos chefes e pela própria localização das salas de trabalho.

> "Era muito, muito difícil. Para você telefonar e falar com o superior, você tinha que passar toda a hierarquia primeiro até chegar. Se não, era falta grave."

> "Era uma sala separada, fechadinha, e ali estava o superintendente, estava o assessor, estavam todas as pessoas assim. Você tinha que se anunciar para falar. Você não chegava a ter um diálogo aberto, os problemas você tinha, às vezes, que passar para outra pessoa, aquela outra pessoa ia falar."

Hierarquia e processo decisório

Em relação às práticas da estatal, funcionários se queixavam também da hierarquia e da dificuldade de tomar decisões. A existência de vários níveis hierárquicos na estatal emperrava o processo decisório e mesmo aquelas decisões consideradas menores chegavam a demorar semanas para serem resolvidas.

> "Para você ter uma definiçãozinha de algumas coisas, demorava até semanas. Fazia um despachozinho para o teu chefe, teu chefe mandava para o chefe dele que mandava para o chefe... Tinha supervisor de grupo, de núcleo, gerência da seção, gerência do setor, gerência da unidade, depois chegava ao cargo de diretor. Então nós tínhamos cinco gerentes antes de chegar ao diretor."

> "Eu lembro que na estatal eu até aprendi a escrever. Porque, na estatal, a gente tinha que escrever muito. Escreve, escreve. Daí passava para um, passava por outro, até aquele processo retornar para você demorava uma semana, duas."

TRANSIÇÃO: DE ESTATAL PARA PRIVADA

Pode-se dizer que o processo de transição que tornou a ServB uma empresa privada abrangeu os meses anteriores à privatização propriamente dita, os meses de administração conjunta da estatal com os novos administradores e ainda os primeiros meses de gestão na empresa privatizada.

Preparação para a privatização

O processo de privatização chegou, paulatinamente, ao conhecimento dos funcionários da empresa. Rumores sobre a possibilidade de privatização surgiram anos antes da mudança. Com o tempo, veio a consciência de que o processo era inevitável.

> "No começo se falou bem pouquinho. Vagarosamente. A gente até não ligava muito ou não dava muita importância na época, porque parecia uma coisa que era falada, mas que, na verdade, não ia acontecer. Eu, pelo menos, não dava muita importância para o assunto. Tanto que não me inteirei muito do assunto. E na verdade, eu só comecei a me dedicar mais a ler sobre as privatizações quando eu realmente vi que ia acontecer. Mas, de início, não me incomodei muito com isso, não."

A conscientização da proximidade da privatização era alimentada por notícias na imprensa e pela intensificação dos rumores internos. Havia uma carência de informação, os funcionários ressentiam-se de falta de posição oficial e mesmo a atuação do sindicato era percebida como precária.

> "Porque eles não davam informação para a gente, eles não transmitiam o que ia acontecer na empresa. E a família, diretamente a mulher, se preocupava mesmo, com a perda do emprego. Então 96 foi o pior ano da minha vida na estatal. Nunca vou esquecer isso, porque ninguém dava a informação correta, ninguém dizia nada".

A maioria dos funcionários tinha na estatal seu único ou principal emprego e nenhuma experiência em empresa privada. No imaginário de muitos deles, a empresa demitiria todos e recorreria à terceirização de serviços.

Os meses anteriores à privatização foram de expectativa e insegurança para a maioria dos funcionários da estatal, inclusive os gerentes. Dúvidas, especulações e incertezas sobre o futuro povoavam a rotina de cada um deles. O leque de preocupações incluía o medo de ser demitido, de não se adaptar à nova organização e a apreensão em relação ao que viria pela frente.

> "O maior medo da privatização, isso em qualquer lugar do mundo, é o medo da dispensa. É evidente. Você sai de uma estatal, do Governo Federal, para uma empresa privada, é evidente que isso gera um pouco mais de medo em todo mundo. Em qualquer lugar no Brasil vai acontecer isso."

Programa de desligamento voluntário: uma solução

Fazia parte da estratégia de privatização oferecer planos de desligamento voluntários (PDVs). Com a redução do contingente de pessoal, as estatais ficariam mais enxutas e, portanto, mais atrativas para a venda.

A ServB ofereceu seu plano de desligamento em 1996, em um momento em que os funcionários estavam já mais conscientizados de que a empresa seria, de fato, vendida ao setor privado. Com o PDV, a privatização assumiu contornos mais nítidos.

Um dos problemas da estatal era a falta de recursos para o pagamento das indenizações e dos benefícios oferecidos. A alta gerência esperava que o número de adesões ao programa superasse o limite de seu orçamento. Assim, a regra de seleção baseou-se na ordem de chegada dos pedidos: aqueles que primeiro aderissem teriam prioridade sobre os demais.

Motivação para a adesão ao PDV

Como era esperado, o número de adesões superou a verba disponível e muitos empregados não puderam participar do plano. Segundo os entrevistados, o grande número de inscrições teve como principais motivos: o benefício financeiro, o medo do futuro, as percepções de oportunidades fora da empresa e a proximidade da aposentadoria.

Os empregados que se desligaram neste plano receberam, além de todas as verbas rescisórias, um incentivo financeiro proporcional ao número de anos na empresa, que poderia chegar a seis salários. Este valor monetário constituiu, na opinião de alguns funcionários entrevistados, um atrativo irrecusável para a adesão ao plano, principalmente para aqueles que estavam em dificuldades financeiras.

> "Quem fica só pensando em emprego é quem tem uma situação estável, as contas estão em dia, a família não está passando necessidade e tem essa chance de dizer: 'Não, eu não vou querer sair.' Agora, para quem está com a luz atrasada, ameaçada de corte, não tem água, o filho não está estudando na escola, está passando necessidade com criança doente, não tem assistência médica, tirar o Fundo de Garantia no ato e ainda receber um prêmio para ir embora... quem está apertado não pensa em dois meses depois... Ninguém que está no deserto quer uma piscina. Quer um copo de água. É um copo de água que tem valor para eles. E isso aconteceu muito na estatal."

Havia muita incerteza em relação ao futuro. Para alguns, a adesão ao plano seria a única forma de garantir o incentivo financeiro no presente, pois não sabiam se teriam outra oportunidade. Além disso, algumas pessoas viram no programa uma oportunidade de realizar outras atividades, abrir um negócio próprio, ou mesmo dar continuidade a um trabalho já mantido paralelamente: "Muitas pessoas dentro da ServB tinham empresas com as esposas. Então, digamos, alguém tinha uma malharia junto com a esposa. A esposa tocava a malharia e ele trabalhava aqui na empresa."

Para alguns, outro incentivo foi a proximidade da aposentadoria ou mesmo o direito de se aposentar. Nesses casos, além do dinheiro assegurado pela aposentadoria, havia um benefício financeiro maior do que para os demais, calculado proporcionalmente ao número de anos de empresa.

Atuação dos gerentes

Quando o PDV foi lançado na ServB, os gerentes intermediários viram-se no difícil papel de motivar seus funcionários a despeito da falta de informações e da insegurança que pairava no ar. Alguns indicaram ter começado a preparar seus funcionários para uma nova gama de valores organizacionais, tendo como foco central a questão de que a manutenção do emprego estaria ligada à produtividade e ao valor individual de cada empregado.

> "Então, eles tinham esse temor (de serem demitidos) e o que a gente sempre disse, para poder manter o pessoal, é que, se houvesse espaço para alguém trabalhar, sempre seria para os melhores. Que procurassem sempre se manter os melhores para poderem um dia encontrar o seu espaço. E o que aconteceria? Isso a gente não sabia. Isso era uma coisa que a gente não tinha conhecimento, mas podia imaginar."

Cercados de incertezas e falta de informação, os gerentes preocupavam-se em manter os melhores empregados, tentando convencê-los a não aderir ao plano. Segundo indicaram, acreditavam que, após a redução de pessoal, precisariam desses funcionários para manter o ritmo e a qualidade do trabalho.

> "Na época, eram ótimos funcionários, ótimos funcionários. Profissionais de mão cheia. Faltaram argumentos para convencê-los a não sair. Então a gente tinha aquele ritmo forte. A gente tentava segurar os bons profissionais, não deixá-los ir embora. Conscientizá-los e não deixá-los ir embora. Mas não teve jeito."

Depois do desligamento: sucessos e fracassos

Conforme os relatos de funcionários, foram muitos os fracassos de quem investiu o dinheiro recebido no desligamento em negócio próprio e de quem tentou sobreviver desse dinheiro. Em parte, isso seria explicado pela falta de experiência empresarial, falta de preparo para iniciar seu próprio empreendimento e mesmo falta de noção do valor do dinheiro recebido. Recebidos de uma só vez, aqueles valores pareceriam altos, mas seriam apenas uma ilusão. Assim, alguns perderam tudo, sendo obrigados a aceitar condições piores do que aquelas que tinham quando estavam na estatal. A situação agravou-se, ainda, com a pouca oportunidade de voltar ao mercado de trabalho.

> "Uns estão trabalhando de pedreiro, vigilante, auxiliar de motorista, assim... Uns saíram, foram embora, a gente não sabe até hoje onde eles estão. Mas olha, eu digo para você, 90% deles quebraram a cara. Infelizmente, porque o mercado de serviço não está absorvendo, o mercado já estava inchado. Então eles saíram para um negócio próprio, mas não souberam levar. Foi-se o dinheiro, foi-se tudo e aí eles tentaram entrar no mercado. Só que o mercado está inchado."

Para os funcionários entrevistados, o dinheiro recebido não era suficiente para garantir a vida "lá fora". Muitos fracassaram por não terem sido preparados para seguir por conta própria. Acostumados a receber um salário garantido ao final do mês, não teriam sabido reconhecer os riscos e as oportunidades de aplicação do dinheiro e nem exercitar o lado empreendedor.

> "Muitas pessoas se deixaram levar por esse capital... Elas acharam que seria muito fácil, simplesmente sair daqui e ali abrir uma portinha, um comerciozinho qualquer e seus problemas iam se resolver. Não tiveram um preparo. Tem que estar preparado para isso. Fica difícil, muito difícil se aventurar".

Por outro lado, há registros de pessoas que tiveram sucesso após o desligamento. As experiências bem-sucedidas estão associadas àqueles funcionários que já tinham um negócio paralelo em andamento ou que investiram em sua própria formação.

> "Teve um que saiu daqui... era auxiliar de serviços gerais. Ele trabalhava lá no laboratório. E lá no laboratório o chefe sempre incentivava a estudar. Daí ele fez o curso de técnico de química. Entrou para a Empresa X... hoje em dia já está fazendo faculdade de engenharia química. Então, esse está legal."

> "Existiam essas atividades paralelas, alguns tinham restaurante, outros tinham lanchonete que outra pessoa da família tocava e,

às vezes, essa pessoa auxiliava. Então eles resolveram pegar esse dinheiro e aplicar tudo lá. Saíram e foram trabalhar só lá."

ADMINISTRAÇÃO CONJUNTA E INÍCIO DA NOVA GESTÃO

Uma vez realizado o leilão de privatização, a ServB teve, durante cerca de três meses, uma administração de transição, em que gerentes da estatal e da nova empresa conviveram uns com os outros. Essa fase foi caracterizada por muito trabalho e muita incerteza.

> "Foi um trauma. Foi um trauma assumir essa transição entre a privatização, o leilão e a chegada dos novos acionistas. Houve um prazo, uma transição em que as pessoas começaram a entrar aqui. E veio um americano dar uma consultoria operacional. Esse cara me apertou, me apertou, porque eu tinha na área mais de 140 pessoas, mais ou menos. O cara passava e fazia assim (sinal de pescoço cortado). Assim o cara fazia, e ainda gozava."

Alguns gerentes e supervisores afirmaram ter-se sentido obrigados a alertar seus funcionários acerca de novas regras e posturas que passariam a ser cobradas. Um supervisor de área operacional, por exemplo, relatou que se iniciaram ações no sentido de mudar o comportamento dos operários em relação à higiene e à manutenção de limpeza de banheiros e vestiários.

> "Por exemplo, na época da transição, nós tivemos que conversar sobre como se comportar dentro do banheiro, como se comportar dentro de uma cozinha. Muitas vezes um mecânico acha que, só porque está sujo e engraxado, pode fumar em qualquer lugar, pode se comportar... pode vulgarizar um pouco."

Nos primeiros meses da nova administração – e, portanto, já passado o primeiro plano de redução de pessoal na empresa privatizada – houve uma série de reestruturações organizacionais e de mudanças nas atividades. Estes meses foram descritos como de "acomodação", pois processos e procedimentos passaram a ser questionados, revistos e redefinidos.

Alguns funcionários tiveram dificuldade em se adaptar à nova lógica de trabalho. Não se deram conta de que a forma de trabalhar era outra e outro era o ritmo a ser empreendido.

> "Não conseguiram enxergar que estavam numa outra empresa. Ainda ficaram guardando bloquinho e rascunho da época de estatal. ... E a gente dizia: "Isso é primitivo, joga esse bloco fora. Vive numa nova empresa. Sai desse marasmo'. Havia pessoas que não conseguiram ver mesmo. Não entraram no pique da ServB, porque a ServB tem um pique totalmente diferente."

Com o decorrer do tempo, porém, alguns funcionários começaram a perceber que seria possível acompanhar as mudanças. Aos poucos passaram a mostrar autoconfiança e perderam o medo. As metas e a orientação da empresa passaram, também, a ser conhecidas pelos empregados, o que os deixou mais tranqüilos.

> "À medida que o tempo vai passando, você já vai conhecendo, mais ou menos, o processo. Vai conhecendo as pessoas que estão entrando, você começa a condicionar sua cabeça junto com o que a empresa está definindo como meta. Você começa a conhecer as metas da empresa, sabendo o que você pode e o que você não pode fazer. Então isso começa a lhe dar um pouco mais de tranqüilidade para você saber se está afinado ou não."

DEMISSÕES EM UMA EMPRESA RECÉM-PRIVATIZADA

Terminado o período de administração conjunta, a nova direção assumiu plenamente as suas funções. A lista das pessoas a serem desligadas havia sido preparada durante os meses de transição – dezembro de 1997, janeiro e fevereiro de 1998. Esse processo já era esperado pela grande maioria dos funcionários. Em 1º de março, ocorreu o desligamento.

Mudança esperada

Na percepção dos entrevistados, a demissão não foi um evento inesperado. Ao contrário, os funcionários tinham plena consciência da alta probabilidade de isso acontecer. Não sabiam quando ou como, mas sabiam que ocorreria. A própria comunicação informal espalhava essa possibilidade.

> "A gente não sabia. A gente imaginava. Era praticamente um consenso que haveria redução de quadro, até porque a gente sabia que a nova empresa ia tentar modernizar muitas atividades... A gente sabia que ia reduzir, mas a gente não sabia se ia ser na área operacional, na área administrativa."

> "A 'rádio peão' funcionava dentro da empresa. A gente sabia que haveria demissões grandes. Seria de uma hora para outra, ao assumirem. Como foi. Assumiram no sábado, na segunda-feira quem tinha de ser demitido foi demitido. Você chegou na segunda-feira e já não viu muita gente que conhecia."

Alguns chefes, preocupados com o cenário de demissão, começaram a conscientizar seus subordinados e a alertá-los para uma mudança em suas vidas, indicando que ninguém estava imune ao desligamento, nem eles próprios.

> "Na verdade todo mundo sabia que ia ter um grande corte. Todo mundo sabia, eu sempre deixei isso bem claro para as pessoas. Inclusive eu deixava bem claro que eu podia ser um deles, perfeitamente. Poderia ter acontecido."

Razões para o plano

Vários motivos para o desligamento foram indicados: necessidade de eliminar duplicidade de funções, novas tecnologias que tornaram alguns serviços desnecessários, necessidade de reduzir custos, existência de um quadro de pessoal "inchado" na época de estatal, necessidade de oxigenação e, por fim, terceirização de atividades. Pode-se imaginar que todos eles, em maior ou menor medida, contribuíram para a realização do enxugamento na ServB.

"Sempre tecnologia. Telefone celular hoje, você fala onde você estiver. Antigamente, tinha que prender a pessoa num lugar que tinha um fio de telefone. Hoje eu não preciso. Pego o celular e saio por aí e converso com você onde estiver. Antes não, você tinha que ter um cara para fazer o serviço externo e um cara para ficar e atender o telefone."

"A gente via que aquilo ali era a tendência normal. Porque era muita gente realmente. Era muita gente mesmo. Só naquele prédio, você entrava naquelas salas, tinha 20, 30 pessoas numa sala. Tinha uma ou duas ou três pessoas trabalhando, só. Uma velharada fazendo tricô, crochê, lendo jornal. As pessoas não queriam se aposentar nunca."

Critérios para as demissões

Como foram selecionados os 2.000 funcionários a serem desligados? Ao assumirem, os novos administradores selecionaram, primeiramente, aqueles de nível gerencial e de liderança que iriam continuar na empresa, ao menos no primeiro momento. A eles foi delegada a tarefa de, com base em dimensionamento realizado, selecionar os funcionários a serem demitidos. Depois de analisarem a mão-de-obra existente com alguns de seus subordinados imediatos, esses gerentes fizeram suas escolhas.

"Tentou-se adotar o critério mais justo possível. Mas devido ao pouco tempo que você tem para conhecer, e você tem às vezes 1.300, 1.500 pessoas aqui, você não consegue conhecer todas elas rapidamente. Então cada um, cada engenheiro desses, junto com seus supervisores, ia determinando as pessoas abaixo. Por exemplo, eu determinei os cinco engenheiros que ficavam comigo. Eles, com seus supervisores, escolhiam as demais pessoas que iriam ficar. É claro que, como eu conhecia boa parte da região, eu também opinava."

Dois processos foram relatados pelos entrevistados. No primeiro, selecionavam-se os funcionários que haviam demonstrado mais interesse no trabalho e, portanto, deveriam ficar na empresa.

No segundo, a escolha se fazia do pior empregado para o melhor, até atingir a cota necessária.

> "Eu tentei escolher aquelas pessoas que tentaram demonstrar, pelo tempo que fiquei com elas, vontade de fazer algo mais do que aquilo que elas faziam. Não aquelas pessoas que cumpriam apenas a sua função, bem ou mal, mas aquelas que demonstravam interesse em fazer algo mais. Que demonstravam interesse em crescer, produzir algo mais, que não se atinham apenas às suas funções."

> "Era pelo cargo A, ou cargo B. Tinha que haver equilíbrio, não podia mandar todos do cargo A embora e ficar com os do cargo B. Você vê que aqui eu cortei pouco, em relação aos outros, porque já era um lugar enxuto. Mas foi por uma ficha de avaliação pessoal, por sentimento, eu mais um outro supervisor. Temos que cortar tanto, então é esse aqui. Mas a gente podia parar aqui e para alguns (outros cargos) a gente dizia, podia pegar mais três aqui. Não havia um equilíbrio."

A questão da justiça, na seleção dos funcionários a serem desligados, tornou-se uma preocupação recorrente para gerentes e supervisores. Alguns se perguntavam se haviam feito a coisa certa:

> "Eu fui um cara bem consciente. Não protegi ninguém e, em certos momentos, até falei com mais gente. Chegou uma época em que eu precisei falar com outras pessoas, assim, de Recursos Humanos, para eles me orientarem. Pensei muito... 'será que eu não fiz a coisa errada?' ... Porque é muita responsabilidade para mim. Eu indiquei eles."

Funcionários que não tiveram a tarefa de selecionar colegas para demissão acharam que em alguns casos o processo foi injusto. Referiram-se a funcionários considerados competentes e que teriam se dedicado à empresa.

> "Muitas pessoas saíram arrasadas, menosprezadas. As que eram competentes saíram arrasadas, com a auto-estima lá embaixo. Então é por isso que a gente ficava chateado. Conhecer uma pessoa há dez anos, trabalhando junto e tal. Estava vendo que a pessoa era competente."

Atos de demissão

As formas de comunicar a demissão variaram em cada área. Em uma delas o engenheiro permaneceu no escritório enquanto o supervisor chamava os funcionários a serem dispensados. Em outro caso, o gerente reuniu todos em uma sala e leu a lista dos que permaneceriam na empresa. Houve também um gerente que reuniu na sala apenas os que iriam ser desligados. Independentemente da forma, todos os demitidos receberam uma carta comunicando a dispensa.

> "Tinha gente que estava terminando a escala de serviços e tinha gente que ia iniciar a escala de serviços e tinha gente de folga que ia pegar no outro dia às sete. Então mandei reunir todo mundo. Expliquei para eles que o que estava sendo feito era alguma coisa que todo mundo estava esperando, que havia uma relação de pessoal que ia sair e que a gente ia comunicar na seqüência. Eu pedi que eles usassem o bom senso. Eu sabia o que iam receber e pedi que aproveitassem a oportunidade e a experiência deles para procurar um emprego. Uma relação, e aí fui lendo: 'Pessoal, eu vou ler o nome de quem vai ficar. De quem vai ficar. Depois, qualquer dúvida, vai ficar ali o nome dos que estão na lista.' Então: fulano, fulano, fulano."

A tarefa de demitir não foi fácil para alguns. Segundo um dos relatos, um gerente se comoveu muito após a demissão. Outro discursou sobre a importância de se preservar a dignidade dos funcionários que estavam sendo desligados. Para um dos supervisores, difícil foi chamar o empregado em seu ambiente de trabalho para ir ao escritório onde seria informado sobre a demissão.

> "Eu soube de uma coisa que aconteceu... Foi com esse engenheiro que teve que desligar um volume de mais ou menos 30, 40 pessoas num só dia. Ele explicou o que estava acontecendo, toda aquela situação, que infelizmente ele teve que optar por alguns nomes. Eles tinham sido os escolhidos e ele teria que demitir. Depois, quando ele terminou de falar com todo o pessoal presente, entregou as cartas, o pessoal assinou e algumas pessoas vie-

ram agradecer: 'Olha doutor, muito obrigado. O senhor sempre foi muito bom conosco'. Ele disse que quase morreu de tanto chorar depois."

"Eu acho que a pior situação é da pessoa que vai ser demitida. Acho que não existe uma situação pior do que uma pessoa estar sendo demitida. Mesmo aquela pessoa que você possa ter algum motivo para demitir, nessa hora você tem que ter a hombridade e a dignidade de não expor mais a pessoa. ... A pessoa já está completamente arrasada, então eu acho que se deve ser o mais digno possível com a pessoa."

Reação dos remanescentes

Passados mais de dois anos do primeiro programa de demissão, certa distância emocional se faz presente. Embora se reconheça a dificuldade da situação, dois relatos, pelo menos, indicam que o trabalho já realizado ou, ainda, por ser realizado na empresa funcionou como foco de atenção e mesmo de satisfação, deixando o episódio das demissões no passado.

"Então esse sentimento foi muito ruim na primeira, segunda e terceira semana. Depois as coisas começaram a se organizar e a gente foi ficando... Quando a gente olha para trás e viu tudo que a gente já fez. Eu tenho muita crença, porque eu acho que a gente tem muita coisa para fazer."

Mas pontos de vista diferentes emergiram. Para alguns gerentes, os remanescentes ficaram com medo e estavam dispostos a tudo fazer para evitar sua própria demissão.

"Quem ficou, se eu dissesse que era para lavar o chão, lavava. Se eu dissesse que era para lamber, lambia. Porque estava aquele pandemônio. Eu tentei incluir na lista todo mundo que eu sabia que queria sair por algum motivo. Agora, havia um temor muito grande. Se eu dissesse: 'Ó, você tem que espanar o teto, atender o telefone, correr lá fora e voltar aqui', o cara fazia. Ele já tinha perdido a chance de pedir a conta, de ser mandado embora com alguma coisa. Dali para a frente a pessoa realmente estava querendo ficar."

Reação dos demitidos

Alguns gerentes indicaram a inexistência de reações violentas, como explosões de raiva, ou recusas a assinar a carta de desligamento. Ao contrário, relataram uma certa passividade e mesmo iniciativas de agradecimento. O diretor de Recursos Humanos narrou o episódio de um operário que, ao saber que seria desligado, foi para casa e voltou vestido de terno para assinar a demissão. Perguntado sobre a razão de tal ato, disse que, após trabalhar mais de 20 anos na empresa, não poderia assinar a carta se não estivesse vestido de forma "decente".

> "Houve algumas reações muito estranhas. Por exemplo, as pessoas vindo se despedir, deixando o telefone, agradecendo o tempo que a gente trabalhou junto. É uma coisa bastante difícil. Não há dúvida, ninguém é tão frio assim a ponto de imaginar que foi fácil. Mas era uma missão que tinha que ser feita. As pessoas tinham que ser desligadas."

Reações de rancor também foram observadas. Um supervisor comentou ter ouvido alguns funcionários dizerem desejar que o próximo a ser desligado fosse ele: "Eles diziam que eu ia pelo mesmo caminho deles. 'Hoje eu estou indo, amanhã vai você. O que é seu está guardado, não adianta ficar com seus afilhados aí'."

Funcionários que diziam não poder perder seu emprego tentaram conseguir transferência para outra área da empresa. Desesperados, telefonavam para a sede administrativa, na esperança de conseguir uma realocação.

> "E uma menina que trabalhou comigo, ela soube naquele dia que seria desligada. Daí ela me ligou: 'Pelo amor de Deus, me arruma um lugar aí, que eu não posso ficar sem emprego, me arruma uma colocação, me arruma outra área'. Então isso aconteceu direto. As pessoas vinham chorando: 'Não me deixe, não me deixe ser mandado embora'. 'Mas eu não posso fazer nada'. E a gente não podia mesmo. Eram as gerências que faziam isso."

De forma geral, portanto, os depoimentos apontam para um processo que, embora doloroso, ocorreu sem maiores perturbações. Pode-se atribuir tal fato ao clima de expectativa de demissões presente à época. Quando essas vieram, não foram surpresa para ninguém.

O peso da imagem de funcionário público

Uma das questões com que os funcionários que permaneceram na empresa tiveram de lidar foi com a imagem que os novos dirigentes tinham do funcionário público. Egressos de uma empresa reconhecidamente ineficiente, os entrevistados disseram ressentir-se de que esse estereótipo tivesse sido estendido a todo e qualquer funcionário da estatal. Os empregados entrevistados vinham, entretanto, de uma área geográfica da estatal que, se comparada com as demais, registrava os maiores índices de produtividade e lucratividade. Assim, a pecha de funcionário ineficiente e preguiçoso foi motivo de mágoa para alguns: "Até onde vamos ter que carregar o estigma de ter trabalhado numa estatal? Quando é que nós vamos conseguir provar que somos bons profissionais?"

Os estereótipos negativos do funcionário de estatal percebidos nos novos dirigentes levaram os sobreviventes a se sentir na obrigação de desfazer tais imagens e de provar sua competência. Achavam que tinham que trabalhar mais do que os recém-contratados para mostrar que podiam desempenhar tarefas e assumir responsabilidades.

> "Você veio de uma empresa estatal, então já existe aquele rótulo de funcionário público, apesar de que eu não me julgava funcionário público... Então, você tinha que se desdobrar ao máximo e... tirar aquele rótulo que existia. Então, você tinha que trabalhar bem mais do que as pessoas que estavam entrando. Para comprovar que você também tinha competência. ... Essa foi a dificuldade maior que eu senti, ou seja, você tinha que trabalhar o dobro para você provar sua competência. ... Isso perdurou um bom tempo."

CAPÍTULO 5

A EXPERIÊNCIA DA SERVC

A ServC é uma empresa prestadora de serviços na Região Sudeste do país, com mais de cem anos de atuação. Privatizada em 1996, foi adquirida por um consórcio de empresas nacionais e internacionais de dois países.

BREVE HISTÓRICO DOS PROCESSOS DE *DOWNSIZING* NA SERVC

As práticas da ServC antes da privatização pouco diferiam das práticas de tantas outras estatais: gestão baseada na conveniência de políticos, acentuada divisão de trabalho, dificuldade para demitir, processo decisório lento e burocrático, ausência de investimentos e defasagem tecnológica.

Carente de investimentos e defasada tecnologicamente, a ServC estava longe dos padrões de eficiência do setor quando foi privatizada. Uma de suas primeiras providências para resolver os problemas foi a realização de estudos comparativos com outras empresas, o que deu origem a um conjunto de metas a ser atingido, entre elas a melhoria da relação cliente/empregado. De forma geral, a relação considerada ideal no setor era de cerca de 700 a 800 clientes por empregado. Na época da realização desta pesquisa, a relação na empresa estava em torno de 480 empregados por cliente, longe, ainda, daquela estabelecida como meta.

Outro problema encontrado pela nova direção era a idade média dos funcionários. Com a dificuldade de contratação própria das empresas estatais, a idade dos empregados e o longo tempo em que eles trabalhavam para a ServC formavam um quadro dito envelhecido.

O plano estratégico, a relação ideal do índice cliente/empregado e a elevada idade média dos funcionários levaram a empresa a realizar uma série de programas incentivados de desligamento, iniciada logo após a privatização e mantida até a época da realização desta pesquisa, ou seja, de 1996 até o final de 1999.

Entretanto, logo após a privatização, e antes de qualquer plano de desligamento incentivado, a ServC demitiu sumariamente cerca de 340 empregados, sem lhes dar benefício algum além daqueles estipulados por lei. Segundo funcionários entrevistados, os demitidos eram pessoas com história de problemas na empresa.

Aproximadamente uma semana depois das demissões, a ServC lançou seu primeiro Plano de Desligamento Incentivado (PDI), oferecido, sem exceção, a todos os empregados da empresa. Na opinião de entrevistados, a demissão sumária de 340 pessoas antes do lançamento do PDI teve como efeito um aumento do volume de adesões ao plano. O fato teria sinalizado a possibilidade de outras demissões, rompendo, assim, a prática de não demitir, da época de estatal. Nas palavras de um gerente da área de Recursos Humanos:

> "Causou um impacto e quem ficou, ficou com medo. 'Ou eu aceito, pois, de repente, estou levando algum dinheiro, ou, quando acabar o programa, eles vão fazer o que fizeram com os outros: vão me botar na rua'. Então, as pessoas aderiram em massa."

Todos os funcionários receberam uma carta com informações sobre o plano, os valores do incentivo monetário a ser recebido em caso de adesão, além de um formulário individual para o requerimento de desligamento. Aos interessados, bastaria assinar o formulário e entregá-lo ao chefe. A ServC reservava-se, entretanto, o direito de aceitar ou não o requerimento de adesão, com "ponderação, a seu exclusivo critério, das necessidades e conveniências da Empresa."[1]

---

[1] Conforme documento interno da empresa.

A ServC fez circular também um informativo com as regras do plano e as ofertas de incentivos financeiros e sociais. O prazo para adesão era de uma semana. Caso a meta estabelecida não fosse atingida, a empresa pretendia fazer novas demissões, sem dar qualquer benefício adicional.

O plano oferecia um incentivo monetário proporcional ao número de anos de trabalho na ServC e a manutenção do plano de saúde da empresa por mais 12 meses. Além disso, garantia o curso de primeiro grau completo aos filhos de empregados matriculados numa escola que a empresa patrocinava, junto com o sindicato.

Outro benefício dizia respeito ao fundo de pensão. Pelas regras vigentes, o empregado tinha direito a uma complementação da aposentadoria aos 55 anos de idade. A partir dos 50 anos, porém, tinha direito a uma complementação proporcional. Aos funcionários com mais de 50 anos – para os quais faltavam menos de 60 meses para a aquisição do direito integral – a empresa pagaria ao fundo de pensão a contribuição relativa às parcelas do empregador e do empregado. Entre a data de adesão ao plano e aquela em que completasse 55 anos, o empregado teria que viver de seus próprios recursos, sem direito a qualquer tipo de aporte ou auxílio do fundo de pensão.

Aos funcionários que tinham tempo suficiente para requerer aposentadoria junto ao INSS, a empresa ofereceu sua estrutura administrativa e jurídica, de forma que bastava ao empregado entregar sua documentação e a ServC cuidava dos trâmites burocráticos.

A adesão a este primeiro plano foi da ordem de 4.000 funcionários, o que obrigou a empresa a processar um alto volume de desligamentos em curto período, para que os prazos impostos pela legislação trabalhista não fossem ultrapassados.

Com o objetivo de auxiliar os funcionários desligados a dar continuidade a sua vida profissional, a empresa disponibilizou uma área, de fácil acesso, onde bancos montaram postos para recebimento de aplicações e concessão de empréstimos. Ali foram também promovidas palestras, ministradas pelo Sebrae. Foi também distribuído material informativo sobre *franchising* e sobre empresas de recolocação de mão-de-obra, além de um breve manual com instruções para elaboração de currículos.

A oferta de cursos não teve, entretanto, o sucesso desejado. Foi baixo o número de inscrições e mais baixo ainda o número de participantes. Um gerente atribuiu esse resultado a uma cultura anterior de estimular pouco a capacidade empreendedora dos funcionários.

Outros planos de desligamento incentivado foram oferecidos depois, visando principalmente a adesão de funcionários com tempo de trabalho na empresa ou idade suficientes para a aposentadoria. Em 1997, por exemplo, um programa permitiu um desligamento em condições especiais aos empregados que tivessem completado os requisitos para a aposentadoria junto à Previdência Oficial. Este plano foi elaborado para que houvesse um ajuste do quadro de pessoal, tendo em vista o atendimento a pedidos de funcionários preocupados com uma mudança nas regras para aposentadoria, que seria realizada pelo governo federal.

Em 1998 e 1999, mais dois planos de incentivo à aposentadoria foram lançados. Ambos incluíam benefícios adicionais aos previstos pelas leis trabalhistas. Se comparados, porém, com o primeiro plano, de 1996, esses programas ofereciam benefícios menores.

Entre 1996 e 1999, a ServC reduziu em cerca de 45% seu quadro de funcionários. De aproximadamente 11.000 empregados, passou a ter 6.000. Naquele período, porém, admitiu quase 1.000 novos funcionários, todos em um único departamento.

Se na alta administração houve uma grande mudança com a entrada dos novos donos, no nível da média gerência quase não houve alteração. A maior parte da camada média era formada por gerentes egressos do tempo de estatal. Assim, foi difícil implementar novas políticas e práticas, uma vez que existia, na expressão de um gerente, "um colchão que amortece":

> "Você tem uma determinação lá de cima, os caras que pensam maravilhosamente bem, são instruídos pelas empresas de origem deles, são empresas de sucesso, trazem tudo para cá, mas che-

gam aqui e esbarram numa cultura corporativa muito grande, muito forte no nível gerencial. Então, não se trabalhou a cultura dessas pessoas. Elas não têm uma cultura de mudança, então é complicado fazer programas."

ANTES DA PRIVATIZAÇÃO: A SERVC ESTATAL

Na percepção dos empregados, a ServC, como estatal, enfrentava uma série de dificuldades que impedia seu funcionamento efetivo. Do ponto de vista técnico e operacional, a empresa necessitava de aportes substanciais de capital para melhorar e expandir seus serviços. Do ponto de vista de recursos humanos, era limitada a contratação de novos funcionários. Por outro lado, por ser uma estatal, governada em parte por interesses políticos, e por conta da atuação de um forte sindicato, a empresa tinha dificuldade para dispensar seus maus funcionários:

> "Ela (a empresa) não tinha uma cultura de desligamento. Para você desligar uma pessoa aqui, era melhor dar um tiro na cabeça, porque você não conseguia desligar ninguém, por força do sindicato, força política. Uma empresa estatal tem toda essa história."

> "Em estatal, para você ser mandado embora tem que fazer uma besteira muito grande, xingar o presidente, coisas desse tipo. Todo mundo tem sempre isso em mente. Se você trabalha normalmente, não precisa ser nenhum gênio, mas se você fizer o seu feijãozinho com arroz, você vai ficar. Ninguém, a princípio, era demitido, nesse sentido, a menos que a besteira fosse muito grande."

Muitos funcionários eram indicados para cargos por motivos políticos. Esse caráter político dos recursos humanos fez a empresa "inchar". Alguns setores tinham excesso de pessoal, o que provocou a ociosidade de muitos:

> "A gente conversava: 'Está inchado. Passa por aí, tem gente lendo jornal a torto e a direito. A gente está um pouquinho inchado'."

Com o excesso de funcionários, muitos empregados achavam que a valorização daqueles que produziam mais era prejudicada, uma vez que a todos era dado o mesmo valor, e até quem não trabalhava era premiado. Isso gerou falta de motivação, já que o esforço não era reconhecido.

> "O valor que se dava era igual para todos. Se o cara trabalhasse ou não trabalhasse. O que não trabalhava era promovido. Isso é uma coisa louca. Isso acaba com o ser humano. Isso destrói o ser humano completamente. Nisso você destrói aqueles que, às vezes, se não estivessem passando por isso, teriam forças. Porque tem gente que não tem força para trabalhar mais, porque é tanta injustiça, que ele perde aquele interesse."

Uma questão levantada pelos entrevistados foi a má divisão de tarefas. Alguns funcionários trabalhavam excessivamente, enquanto outros faziam muito pouco. A organização hierárquica da empresa foi também objeto de crítica. Com uma estrutura de vários níveis e alta formalização, a comunicação era menos direta, o que tornava o processo decisório menos ágil, como observou um gerente da área operacional:

> "Eu não tinha o acesso que eu tenho hoje aos meus superiores hierárquicos. Em vinte anos, eu fui talvez a uma reunião com o diretor. Depois da privatização, já fui a várias. Com o superintendente, é quase todo dia. Não era uma coisa normal. As coisas eram mais estanques."

Muitas dessas práticas foram alteradas com a liberação da sujeição à legislação específica que regia as empresas estatais e à influência política do governo. Antes, porém, que a nova direção assumisse, a ServC passou por uma fase na qual a privatização que se avizinhava assumia caráter ambivalente: de ameaça e esperança.

TRANSIÇÃO: DE ESTATAL A PRIVADA

Expectativas de privatização

Embora o Programa Nacional de Desestatização já estivesse em pleno andamento, a privatização da ServC foi considerada um processo inevitável apenas por alguns empregados. A grande maioria dos funcionários operacionais não acreditava que o governo conseguisse concretizar o processo. Já a camada gerencial dividia-se entre acreditar e não acreditar:

> "É igual à Aids, só se acredita que ela existe quando vem em alguém pertinho de você. Acontece na casa dos outros, mas na minha não vai acontecer nunca."

> "Foi uma época muito complicada. Você tinha algumas (pessoas) que absolutamente não acreditavam que era possível a ServC ser privatizada. Não acreditavam. Só passaram a acreditar quando ela foi vendida e, assim mesmo, ainda tinham expectativa de que aquilo pudesse ser revertido."

Na percepção dos entrevistados, o sindicato pouco atuou para esclarecer ou conscientizar os funcionários do processo de privatização em andamento. Ao adotar uma postura de negação, perdeu, na opinião de alguns empregados, a oportunidade de esclarecer e preparar a base operacional da empresa:

> "O sindicato adotou uma postura radical. 'Não, não vai acontecer.' E não se estruturou, não divulgou informação. Teve um dia em que rompeu o dique e a água entrou. Poderia ter havido um preparo maior. O clube que foi montado pelos empregados para comprar o seu quinhão de ação foi montado pela presidência da ServC. Em vez de ser um movimento do sindicato. O sindicato, que podia ter feito, não fez. Ficou naquele negócio de que o câncer só dá no vizinho, não dá aqui em casa. Eles poderiam ter preparado melhor as pessoas."

A privatização foi um fator ameaçador para grande parte dos funcionários, uma vez que, a exemplo da experiência de outras empresas anteriormente privatizadas, havia grande possibilidade de demissão em massa. O grande temor, agravado ainda por boatos internos e mesmo reportagens na mídia, era a perda imediata do emprego.

O cenário, em geral pessimista, originou ações e comportamentos diversos. Em busca de melhor qualificação e tentando prever a nacionalidade do comprador, muitos funcionários procuraram fazer cursos de idiomas, acreditando que dominar a língua do futuro dono da empresa seria uma forma de garantir o emprego. Em alguns casos, surgiu um clima de competição, em que empregados procuravam mostrar-se profissionalmente competentes para proteger-se de uma possível demissão futura:

> "Então as pessoas começam a criar uma série de apreensões e desestabilizações, de forma a se tornarem competitivas, a mostrarem o seu valor, coisa que não era necessária antes, na época de estatal. Mas o que passou foram as pessoas disputando o mesmo lugar, porque se sabia que ia ter redução de quadro. Não tem lugar para todo mundo. A gente saiu de 12.000 para 6.000, metade."

> "O que havia muito era pedido de curso de línguas. Porque se fosse comprado por americanos ou franceses, as pessoas queriam cursos de idiomas."

Alguns chefes, conscientes das mudanças iminentes, começaram a alertar seus funcionários não só para a possibilidade de demissão, como também para reestruturações que poderiam alterar a função de cada um dentro da empresa. Os próprios empregados passaram a estimular seus colegas a procurar melhor qualificação:

> "Então eu vinha alertando; em 96, quando a empresa foi privatizada, eu disse: olha, vou falar uma coisa para vocês. Vocês só têm emprego para dois anos. Vocês não, eu e vocês. Nós só temos emprego para mais dois anos. A nossa não é uma atividade da empresa que ganha dinheiro, é uma atividade meio... A empresa pode terceirizar, a empresa pode fazer o que ela quiser. Pode reduzir, pode descentralizar. Como é que você está hoje na empresa? O que você fez para a sua vida futura? Então você tem dois anos para

correr atrás do que você quer na vida. Daqui a dois anos não vem me aporrinhar o juízo dizendo 'eu fui mandado embora, e agora o que é que eu faço?'." (gerente de área administrativa)

Para alguns funcionários, a perspectiva parece ter sido de otimismo. Cansados das políticas de empresa estatal, vislumbraram na empresa privatizada possibilidades de reconhecimento, valorização e melhor remuneração de pessoal:

"Agora, sobreviver, ah, quem sobreviver... Na empresa privada se ganha bem, o funcionário é reconhecido. Vai ser avaliado o potencial de cada um. As pessoas vão ser recompensadas pelo trabalho."

Se a valorização do empregado era esperada, alguns funcionários expressaram a consciência de que a nova administração traria, da mesma forma, forte cobrança de desempenho e dedicação ao trabalho. Além disso, em casos de redução de pessoal, a melhor forma de garantir o emprego não seria apenas produzir mais, como também mostrar aos superiores que seu desempenho era melhor que o do colega. Havia, assim, uma expectativa de que, na empresa privada, seria mantido o clima de competição ressaltado anteriormente:

"A imagem que as pessoas fazem da firma particular... como é que fica a firma particular? Quem produz tem lugar, quem não produz não tem. Então eu tenho que mostrar que eu produzo mais do que os outros. Isso é elementar na cabeça das pessoas. É uma coisa natural. Tem que produzir."

De acordo com as expectativas, a empresa, logo após a privatização, implementou uma série de programas de redução de pessoal. Sem o caráter de um ato de demissão unilateral, optou por lançar sucessivos planos de desligamento voluntário, com concessão de uma série de benefícios financeiros e sociais. Houve demissões sumárias apenas nos casos mais graves e, mesmo assim, em quantidade substancialmente menor, se comparada com o número de adesões aos planos de desligamento incentivado.

PROGRAMAS DE REDUÇÃO DE PESSOAL NA EMPRESA RECÉM-PRIVATIZADA

Em vez de lançar um único plano de desligamento voluntário, a ServC optou por oferecer uma seqüência de programas. De 1996 até o período da realização desta pesquisa (julho de 1999), pelo menos três planos foram implementados.

Demissão sumária

Logo após a privatização e aproximadamente uma semana antes da divulgação do primeiro Plano de Desligamento Incentivado (PDI), a ServC demitiu sumariamente cerca de 340 empregados.

> "Uma semana antes de a ServC implantar esse programa, ela pegou 340 casos e desligou (os funcionários) sem direito a nenhum benefício. Fez a demissão sumária, mandou superintendente para a rua, mandou diretor para a rua, mandou funcionário, mandou embora. Pegou a carta e entregou numa sexta-feira, 'toma está demitido'. Acabou. E uma semana depois ela solta o programa de incentivo."

No que se refere à demissão sumária desses empregados, os depoimentos apontam para o consenso de justiça. Demissões foram consideradas merecidas e justas. Segundo entrevistados, deveriam ter sido realizadas há mais tempo e não o foram apenas por razões políticas e por causa da cultura de não desligamento da época de estatal.

Plano de desligamento incentivado - PDI

O PDI foi o primeiro de uma série de planos implantados pela ServC. O presente trabalho aprofundou-se no primeiro deles, implantado cerca de dois meses após a privatização.

Razões para o plano

Um dos principais motivos do programa de redução do número de funcionários foi o quadro de pessoal envelhecido. Um contingente grande de empregados com muitos anos de empresa deveria ser desligado. Havia ainda necessidade de oxigenar as idéias com a contratação de outras pessoas:

> "Tem muitas pessoas já com muito tempo de empresa, já com idade... Um dos fatores que foi colocado é que a empresa está com quadro envelhecido."

Outros motivos foram relacionados ao desligamento de funcionários, entre os quais as exigências dos novos acionistas de maiores lucros e de corte de despesas; necessidade de reestruturação organizacional; necessidade de atingir índices clientes/empregados competitivos; e aquisição de tecnologias que pemitiriam dispensar parte da mão-da-obra.

A redução de pessoal foi esperada também por conta dos exemplos de outras privatizações já realizadas no país, bem como pela percepção de que o quadro de funcionários poderia e deveria diminuir: "Nós esperávamos. Todos nós sabíamos que a empresa era muito grande. Era um número excessivo de funcionários e nós sabíamos que isso ia ocorrer."

Motivações para adesão

Um dos grandes motivos para a adesão ao PDI parece ter sido a proximidade da aposentadoria. Boa parte dos funcionários já tinha direito à complementação de aposentaria integral, ou mesmo proporcional, oferecida pela fundação de seguridade social associada à empresa. Para eles, o desligamento foi um bom negócio. Assim, a proximidade da aposentadoria proporcional ou integral funcionou como estímulo à adesão, uma vez que garantia alguma renda. Soma-se a isso o próprio cálculo do incentivo financeiro do plano.[2] Empregados há mais tempo na empresa tinham um incentivo proporcionalmente maior, o que funcionou como reforço à adesão.

[2] O cálculo do incentivo financeiro embutia um multiplicador que aumentava conforme o número de anos trabalhados.

Em alguns casos, funcionários considerados ainda jovens – com idade a partir de 40 anos – puderam se aposentar, uma vez que uma legislação específica para insalubridade garantia uma aposentadoria especial com apenas 25 anos de trabalho na empresa.

A insegurança em relação ao futuro foi também forte motivação. Naquele momento, a adesão ao plano garantia, além dos benefícios previstos em lei, um incentivo financeiro e social adicional. Como havia a expectativa de reestruturação da empresa, com muitas atividades a serem terceirizadas, empregados que ocupavam funções mais ameaçadas sentiram-se compelidos a desligar-se.

Em alguns casos, o dinheiro a ser recebido – somadas as verbas rescisórias e o incentivo financeiro – parecia bastante atrativo, permitindo a funcionários desde a quitação de dívidas até a abertura de um negócio próprio: "Muitas pessoas acharam que podiam ser patrões de si mesmo. Essa foi uma coisa muito forte para os que saíram".

Em outros casos, empregados que tinham alguma atividade profissional fora da empresa aproveitaram a situação para se desligar:

> "Você tinha o grupo que sabia que não ia dar para eles na empresa. Porque eram até pessoas que tinham atividades fora. Elas perceberam que o melhor era pegar o que tinha, que era uma oportunidade e foram embora."

A adesão ao plano ocorreu, também, por recomendação direta ou indireta de chefes. Alguns gerentes enviaram recados a seus funcionários mais fracos. Antecipando uma forte cobrança de trabalho e de resultados a ser feita pela nova administração, esses gerentes sabiam que aqueles empregados não tinham perfil para atender às novas demandas:

> "No nosso caso, teve pessoas para quem eu mandei recado. A outras eu dei o recado pessoalmente, do tipo, 'aproveite a chance e vá embora porque você não vai ter espaço na nova empresa privada, por causa de desempenho, por causa de garra, por causa de perfil'. Uma boa parte foi embora porque achava que queria ir

mesmo, devia ir... Sempre se acena com algum dinheiro e algumas pessoas estão sempre precisando de dinheiro."

Alguns funcionários indicaram que a adesão involuntária criou um clima de terror na empresa. Cada gerente havia recebido a ordem de diminuir seu quadro em 10%, o que os teria forçado a recomendar a adesão aos piores empregados.

> "Porque o clima era esse mesmo. Era: 'ou você aceita o PDI agora, ou você vai ser demitido depois, sem nada'. Era uma opção, entre aspas, mas era entendido mais como uma coação. 'Bom, você pega o PDI agora, se você não pegar agora, você vai ser demitido depois sem ganhar nada.' Era assim que a coisa funcionava. Era esse o terror."

Motivações para não aderir

Os entrevistados apontaram como principais motivos para não aderir ao plano: o compromisso com o trabalho e o gosto por ele; a esperança de estar em uma empresa com novos desafios; impedimentos de ordem familiar e financeira; necessidade de tempo para adquirir os mínimos direitos à aposentadoria; e, mesmo, o adiamento do sonho de abrir um empreendimento próprio. O prazer com o trabalho foi citado como um fator essencial para a permanência na empresa:

> "Olha, eu estou com 53 anos, sempre trabalhei em "área-osso", estou acostumado com "osso". Gosto do que eu faço, vou sair daqui, claramente falando, chutado, na hora em que chegarem para mim e disserem 'olha, eu não te agüento mais'. Aí, então, eu vou sair daqui. Acho que ainda tenho muita coisa para construir. Vou na hora que os caras disserem: 'Vai, porque você já encheu'. Então, aí eu vou."

Alguns funcionários tinham a expectativa de que a empresa privatizada oferecesse maiores oportunidades e desafios. Consideravam-se com o perfil adequado para a empresa privada e não se viam ameaçados pela nova dinâmica de trabalho:

> "Eu, aderir? Nunca! Agora que eu achava que ia ficar bom. Eu, nunca. Nunca passou isso pela minha cabeça. Eu achava que ia melhorar. Porque eu achava que era bom. Continuo achando. Eu nasci para trabalhar em empresa privada, num ritmo forte. Se tiver que tomar decisão rápida, pressionado o tempo todo... eu tenho o perfil. Porque o meu perfil é de empresa privada. Nada me magoou neste processo, eu fiquei completamente à margem do processo."

Como a ServC era uma empresa com tradição em prestação de serviços essenciais à população, empregados e gerentes tinham consciência da importância de sua atividade. O orgulho e a certeza da necessidade de seu trabalho transformaram-se em motivações para a permanência na empresa:

> "E até porque a gente acreditava muito naquilo que fazia e na organização que a gente tinha. Para você ter uma idéia, nós acreditávamos que os controladores que chegassem teriam um respeito muito grande, porque isso aqui é uma atividade complicadíssima, é uma atividade muito essencial, uma coisa fundamental. Nós acreditávamos que seríamos ouvidos."

Uma das considerações mais comuns entre os entrevistados foi o tempo necessário para a aposentadoria. Normalmente, quanto mais tempo faltasse para o funcionário se aposentar, menos ele levaria em consideração a opção de adesão ao plano: "Eu não tinha tempo para a aposentadoria, nem na proporcional. Talvez se eu tivesse tempo para me aposentar proporcionalmente, eu teria saído. Mas como eu não tinha, me interessou permanecer na empresa."

Questões pessoais e de ordem familiar se apresentavam na hora de decidir pela adesão ao plano. Em um caso, pesou o fato de o cônjuge trabalhar também para a ServC. A partir de uma análise da vulnerabilidade das respectivas funções, os dois decidiram não aderir ao plano.

> "Eu tinha uma preocupação, porque, no meu caso particular, o meu marido também é da ServC. Trabalha numa área que provavelmente será terceirizada a médio prazo. Então eu fiquei muito

preocupada, mas logo desisti, porque eu pensei o seguinte: ele tinha mais chances, exatamente pelo tipo de atividade que fazia, de ser dispensado. E eu acho que pelo histórico de trabalho que eu tenho na ServC, eu com certeza não seria a pessoa a encabeçar qualquer lista de demissão. Um dia vai chegar a minha vez, com certeza, mas eu acho que, antes que eu vá, ainda tem um bom número de pessoas para ir antes de mim. "

Apreensão durante o PDI

O clima durante a execução do plano foi de apreensão. Embora a adesão fosse voluntária, boatos circularam pela empresa e houve muita insegurança. De forma geral, as dúvidas relacionavam-se a duas alternativas que se apresentavam: (a) manter o emprego e correr o risco de ser demitido posteriormente, sem qualquer incentivo financeiro; ou (b) aderir ao plano, recebendo incentivos financeiros e sociais, mas perdendo o emprego:

> "Era voluntário, não era obrigatório. Por outro lado, ele achava que se saísse, aquilo não ia dar certo. Apesar de toda aquela conversa que foi passada, ele não estava a fim de se aposentar. Então ele ia ficar, mas também tinha medo de continuar e já estar na reta final e sair depois, perder aquela oportunidade. Foi criado todo um clima que deixou as pessoas meio complicadas. Foi difícil."

O clima de apreensão foi agravado não apenas por rumores internos, como também por notícias divulgadas na mídia:

> "Essa fase de transição, porque o clima... não importava muito o que rolasse dentro da empresa, também vinha o que estava por fora. A mídia, toda a mídia escrita, falada... as projeções que eram feitas, a informação que chegava para todo mundo e os boatos sempre foram, nessa época, piores do que estava. Então, o pessoal estava muito aflito. O índice de apavoramento foi incrível."

Comportamento dos gerentes

No contexto de insegurança vivenciado naquela época, muitos funcionários procuraram conselhos com seus gerentes, tentando deles obter segurança de emprego. Cientes do potencial de seus empregados, limitados pela ética e incertos também em relação a seu próprio futuro, dois gerentes informaram que tentaram sinalizar aos bons funcionários as possibilidades de crescimento e, aos demais, a pouca probabilidade de continuar na empresa:

> "Eu procurei ser bastante honesto quanto às coisas que estavam acontecendo. Essas pessoas que eu achava que tinham o perfil para a nova empresa, vamos dizer assim, com chance grande de continuar e até de crescer, na minha maneira de ver, eu colocava isso para eles. De qualquer jeito, essa decisão tinha que ser deles. Para os demais, para os que eu sabia que não teriam realmente nenhuma chance em qualquer redução de pessoal que tivesse que ser feita, por menor que já fosse o quadro, eles com certeza não teriam chance de continuar... eu não falei isso para eles... quer dizer, eu demonstrava qual era a filosofia, tentando fazer com que eles próprios enxergassem que, de repente, naquele momento, para eles era melhor sair. Mas eu não falei isso em momento algum. Eu tentei demonstrar sem falar e no momento em que eles pediam 'mas você me garante?' 'Não, não posso garantir. Não sei nem se eu estou garantido."

Alguns gerentes entenderam que o seu papel era apenas o de ouvinte e evitaram dar sinais da probabilidade de permanecer ou não na empresa: "Eu não podia passar essa decisão, tomar essa decisão pelos outros. O máximo que eu podia fazer era conversar com as pessoas." (gerente de área administrativa)

Críticas e elogios ao PDI

As ações empresariais podem ter os mais diversos julgamentos e, no caso do plano de redução de pessoal, as interpretações foram, também, diversas.

Uma das críticas relatadas em entrevistas refere-se ao pouco tempo que a nova direção tivera para elaborar o plano. Segundo um dos depoimentos, passados apenas dois ou três meses da privatização, a nova direção não tivera tempo suficiente para conhecer a empresa e seus empregados. Prova disso seria o fato de que funcionários que aderiram ao plano foram recontratados depois.

Talvez a crítica mais contundente esteja relacionada aos critérios para a seleção de funcionários cujos nomes foram incluídos nas listagens de computador. Na opinião de entrevistados, em vez de gerar cartas aos funcionários, a listagem deveria ter servido como instrumento de decisão do superintendente. As pessoas deveriam ter sido selecionadas com base em desempenho e garra, por serem estes os valores da organização.

Outro ponto criticado foi a preparação de substitutos, principalmente para cargos mais críticos na empresa. Não teria havido preocupação em preparar pessoas para assumir o trabalho daqueles que se desligaram. Essa questão foi ainda mais crucial no caso dos planos voluntários, aos quais funcionários importantes aderiram, sem que para eles houvesse substitutos:

> "A gente não é uma padaria, a gente não é um botequim, de onde você tira qualquer pessoa que trabalha lá, bota uma plaqueta na porta e amanhã tem fila. Qualquer um que você pegar ali vai fazer, pode não fazer na mesma qualidade, mas vai fazer. ... Tem área em que a gente treina um técnico quatro ou cinco anos. Tem área nossa que, para o engenheiro começar a fazer aquilo, passa por uma experiência de cinco anos."

Dentro da perspectiva de redução da idade média do quadro de funcionários, os relatos apontam para uma percepção de legitimidade do plano, pois teria que se dar oportunidade a pessoas mais novas do mercado de trabalho: "Eu penso assim: se você está com tempo para se aposentar, você tem que sair para dar a vez para os mais novos trabalharem."

A sucessiva implementação de planos tornou-se um fato inquietante para aqueles que se aproximavam da idade de se aposentar. O recebimento das cartas causava desconforto em todos. Alguns, entretanto, consideraram receber "cartinha a toda hora" algo desrespeitoso com o empregado. Para um dos entrevistados, os valores de aposentadoria informados na carta simbolizavam o valor que ele representava para a empresa:

"Bem, o que estou valendo? Estou com 28 anos de empresa praticamente, não sou sócio fundador da Fundação, então por isso eu pago menos. Em contrapartida, vou receber menos, lógico. Eu estava valendo na época, em junho, mil reais de INSS. Não saía (da empresa) com mil e duzentos. Mais mil e pouquinho da Fundação. Então eu estava valendo dois mil reais. Guardei. Está lá em casa guardadinho. É lógico que isso não diminui em nada o meu ritmo. Até pelo tempo que eu estou nisso, pelo tanto que eu trabalho, eu não vou gostar. Meu ritmo eu não diminuo. Você olha assim para a empresa com uma certa... caramba! Está faltando respeito aí pela coisa."

De forma geral, entretanto, parece ter havido um entendimento de que a empresa respeitava os empregados e procurava ampará-los dentro do que era possível. Além de serem negociados com o sindicato, os planos procuraram evitar demissões, reduzindo o quadro através do desligamento de pessoas aposentáveis, e oferecendo sempre algo além dos direitos previstos em lei:

"Em nenhum momento a empresa faz as coisas para prejudicar ninguém. Ela não solta ninguém assim sem ter uma coisa direcionada. Ela sempre dá alguma coisa. E as pessoas não têm, eu acho que não têm, motivo para reclamar. Eu acho que não têm."

Vida profissional além da ServC

Os relatos sobre a situação dos funcionários que se desligaram da ServC referem-se, via de regra, ao insucesso na abertura de novos negócios. A experiência de colegas que saíram da empresa, iniciaram seu próprios negócios e fracassaram assustou aqueles que ficaram:

"O dinheiro foi bom. O dinheiro do PDI foi bom. Ele saiu, comprou uma van. Acabou, torrou a van, perdeu. Está trabalhando em enterro. O que a gente percebe também é isso. A gente fica impressionado de ver. Se metem em coisas que muitas vezes não dão certo."

Funcionários entrevistados reconheceram que a cultura pregressa da empresa, pautada por relações hierárquicas e políticas, não havia estimulado o lado empreendedor de seus funcionários:

"Não se via no grupo espírito empreendedor, o indivíduo voltado para chegar e se estabelecer. Muita gente achava que podia abrir um restaurante, um negócio de pãozinho de queijo, uma coisinha disso e daquilo lá. Muitos colegas nossos abriram e fecharam."

Outros planos de desligamento

A partir de 1996, novos planos de redução de pessoal foram implementados, todos incentivando o desligamento de funcionários que já tinham condições de adquirir aposentadoria parcial ou integral.

Essa freqüência de implementação de planos gerou nos empregados um desconforto em relação à proximidade da aposentadoria. A partir de critérios estabelecidos, emitia-se uma listagem de computador com o nome dos empregados que poderiam aderir aos planos.

"Daqui a pouco sou eu, eu não tenho dúvidas. Daqui a pouco sou eu. Tem várias pessoas aí assim: 'Quando é que é o próximo plano? Quando chega a minha carta? Ou não vai ter carta?' Eu diria que estamos sendo tratados como números. O computador lê, emite cartas para quem tem 55 anos."

O último plano lançado pela ServC, e acompanhado por esta pesquisa, teve uma característica diferente: a adesão compulsória. Se antes a aposentadoria era opcional e o programa tinha o caráter de incentivo, neste caso não havia escolha: o desligamento era obrigatório, o que muito assustou funcionários e gerentes. Os primeiros, obviamente, pela obrigatoriedade de terminar um longo período de relacionamento com a empresa; os últimos, por perderem, em algumas situações, uma mão-de-obra considerada importante. Essa questão foi de certa forma contornada por um mecanismo de troca. Os gerentes podiam reter 20% dos empregados listados desde que oferecessem outros em troca. Este procedimento parece ter causado grande desconforto não apenas à gerência, como àqueles escolhidos para ficar, pois eles sabiam que outros tomariam seu lugar: "Como é que você se vê sendo trocado por outro? Mal, mal."

PARTE 3

DEPOIS DO *DOWNSIZING* E DA PRIVATIZAÇÃO

CAPÍTULO 6

DEPOIS DE TUDO: A NOVA FORMA DE TRABALHAR

A privatização e a drástica redução de pessoal nas empresas ServA, ServB e ServC provocaram profundas mudanças na forma de trabalhar, entre elas aumento na carga de trabalho, horas prolongadas de expediente, exigência de multifuncionalidade, maior responsabilidade e autonomia para a execução das tarefas. Os funcionários criaram uma nova consciência para o desempenho da empresa e para o ambiente externo. Questões como lucro, custos, concorrência, clientes e mercado de trabalho passaram a fazer parte da preocupação dos funcionários. A vida pessoal e familiar de cada um foi, também, afetada pela mudança e as expectativas para o futuro passaram a seguir um curso muito distinto daquele de anos anteriores.

TRABALHA-SE MUITO MAIS

Uma grande mudança relatada pelos funcionários das empresas ServA, ServB e ServC foi a alteração na carga de trabalho. Com exceção de algumas áreas da ServA, que viram sua carga de trabalho diminuir em função da centralização de tarefas na *holding*, a grande maioria relatou aumento na quantidade de trabalho.

A drástica[1] redução no efetivo das empresas, aliada a maior cobrança por parte das novas diretorias, implicou aumento substancial nas horas trabalhadas. Em geral, a categoria dos gerentes foi a que mais se sentiu afetada, mas mesmo o nível operacional indicou grande alteração na quantidade e no ritmo de trabalho[2].

> "Era a minha folga sábado passado ou retrasado. Eu fui chamado, passei o dia lá... Eu trabalhei de manhã, das sete até às 11 aqui, peguei o carro aqui, fui para a capital, trabalhei até às três da tarde. Fui almoçar, me chamaram de volta porque tinha uns problemas e cheguei às seis da tarde aqui. No meu dia de folga. trabalhei sábado e domingo. ... Só que você fica naquela, quem eu vou mandar? Eu tenho que assumir."

> "Na parte de escritório você tem muita, mas muita gente trabalhando aqui até às nove horas da noite, dez horas da noite. Se te ligam e não te encontram, acham que é estranho. 'Como não está? Oito horas da noite e já foi embora?' Então tem esse tipo de coisa, que é uma mudança muito grande."

Outros fatores contribuíram, também, para esse aumento. A prática da multifuncionalidade, por exemplo, exigiu que os funcionários remanescentes executassem tarefas que anteriormente eram de responsabilidade de outros empregados. No caso da ServC, o exemplo mais citado referiu-se às atividades típicas de secretárias, que passaram a ser exercidas pelos próprios gerentes.

> "Hoje, uma ferramenta tipo *Notes* substitui uma secretária. ... Eu nunca mais fiz uma carta interna. Então você vê quanta coisa foi racionalizada por conta da tecnologia. ... Você migra um arquivo do grande porte, trabalha numa planilha. Antes você tinha que

[1] A literatura considera como severas as reduções que atingem mais do que 15 a 20% do pessoal. Nos três casos estudados, como já relatado, a menor redução atingiu cerca de 20% do efetivo (ServA) e a mais severa atingiu, aproximadamente, 40% do quadro de pessoal (ServC).

[2] Na ServB, alguns relatos indicaram a existência de uma estrutura tão enxuta que não havia nenhuma folga para as eventualidades, exigindo, nestes casos, esforço adicional ao já realizado.

trazer em papel, digitar. É um negócio complicado. ... Tecnologia, gerência, redefinição das tarefas, eu acho que foram fundamentais para essas 4.000 demissões ficarem quase que desapercebidas."

No caso da ServB, a cultura da multifuncionalidade perpassou todos os níveis hierárquicos, desde a gerência até o nível administrativo e operacional.

> "Na parte de mecânica tem o especialista mecânico e o especialista elétrico. Na época de estatal, o especialista elétrico era um especialista. O especialista elétrico só fazia aquilo ali. O mecânico não, só fazia a parte mecânica. O elétrico tinha que chamar o outro para fazer. Hoje a gente consegue que o elétrico aprenda a parte mecânica e o mecânico a parte elétrica."

Embora a tecnologia tenha aumentado muito a produtividade de tarefas rotineiras, vários gerentes indicaram que a implantação do correio eletrônico havia criado uma preocupação a mais. Para responder ao elevado volume de correspondência recebido por meio eletrônico, eram obrigados a ficar além do expediente e até a trabalhar nos finais de semana. A facilidade de comunicação teria gerado uma demanda antes obstruída pela burocracia ou pela distância física.

> "Aqui eu recebo em média 20 a 30 *e-mails* por dia. Quando eu dou conta, tem mais de 100, tem 160 para abrir. É uma loucura você colocar aquilo em dia. Aí, o que acontece? Tenho que vir sábado para ficar abrindo e dando prosseguimento aos assuntos."

> "Hoje tem correio eletrônico. Recebo 1.400 mensagens a cada três meses, tenho um contador. Me deixa louco aquele troço. Se eu sentar lá para responder tudo que preciso, dentro do expediente, eu não faço nada. Então eu trabalho de noite, final de semana."

Esperava-se que a terceirização de algumas atividades reduzisse o trabalho. No entanto, em alguns casos, a contratação destes serviços aumentou a carga daqueles funcionários responsáveis pela supervisão dos serviços executados. O despreparo das empresas terceirizadas para executar o serviço contratado teria demandado maior tempo de supervisão, orientação e atendimento a clientes insatisfeitos.

> "Eu tinha doze pessoas. Com essas doze saindo, teve que ser suprido por empreiteiras... A qualificação da mão-de-obra da empreiteira não é a melhor possível. E isso foi difícil para a gente, para mim principalmente, porque treinar esse pessoal, orientar, conversar, cliente reclamando... Então o modo continua, mas a carga e a quantidade de serviço aumentaram. Porque você, hoje, não tem mais uma equipe. Minha equipe, eu treinei, eu montei. ... Hoje você tem que tentar escolher. Às vezes é você que vai fazer; então você deixa de passar para a pessoa, porque tem que executar esse serviço."

Se a matriz trabalhava até tarde, alguns funcionários de escritórios distantes ou empresas localizadas em outra região sentiam-se na obrigação de permanecer trabalhando além do expediente de trabalho.

> "Lá na matriz não pára. Lá na matriz eles ficam até meia-noite. Então tem que ter alguém aqui para atender esses caras. Então sete horas da noite, oito horas da noite, como tem serviço, ele vai ficando."

No Quadro 6.1 faz-se uma síntese dos fatores associados ao aumento na carga e nas horas de trabalho após o *downsizing*.

Quadro 6.1
Fatores para o Aumento na Carga e nas Horas de Trabalho

Fatores	ServA	ServB	ServC
Redução de pessoal	Redução de pessoal	Redução de pessoal	Redução de pessoal
Maior cobrança	Nível de exigência aumentou	Maior cobrança	Maior cobrança
Crescimento da empresa	Crescimento da empresa		Demanda pelo serviço da empresa aumentou
Multifuncionalidade		Cultura da multifuncionalidade	Cultura da multifuncionalidade
Tecnologia		E-mail	E-mail
		Novas tecnologias geravam mais trabalho no início	
Matriz	Solicitações da matriz		
Reestruturações	Empresa em fase de reorganização		
	Contratação de serviços terceirizados aumentava trabalho do supervisor		Contratação de serviços terceirizados aumentava trabalho do supervisor
Ambiente externo	Empresa enfrentava concorrência		Maior controle de órgãos externos
Falta de espírito de equipe	Falta de espírito de equipe		
Passado			Muitas providências deveriam ter sido tomadas no passado
Medo de ser mandado embora	Cumprir o horário e ficar até mais tarde		Diretor da área ficava até às 11h da noite e chegava às 7h da manhã
	Matriz trabalhando até meia-noite		
Postura pró-ativa		O trabalho tinha que ser feito	O trabalho tinha que ser feito

COMO RACIONALIZAR?

Com o aumento da carga de trabalho, empresa e empregado buscaram formas de aumentar a produtividade e racionalizar o trabalho. A implantação de tecnologia de informática e automação de processos foram estratégias adotadas pelas três empresas pesquisadas.

Curiosamente, a tecnologia foi relatada como causa e, também, como solução para a redução de pessoal. A automação, ao mesmo tempo que permitiu otimizar o trabalho, também provocou a dispensa de empregados.

As empresas que não tinham cultura de informática investiram pesadamente na compra de equipamentos e no treinamento de pessoal. Os relatos indicam, no entanto, que alguns funcionários sentiram dificuldade em se adaptar a esta nova forma de trabalho, tendo, algumas vezes, que ser deslocados para outras funções.

> "Por exemplo, o Sr. João está com cinqüenta e poucos anos e não tenho condições de treinar o Sr. João para fazer esse tipo de serviço. Então a gente bota ele para fazer outro tipo de serviço. E aí a gente tem que substituir o que era e não se adaptou por um garoto novo, que já nasce com esse processo. É duro. A privatização realmente pegou aí o pessoal."

Muitos funcionários procuraram melhorar seu processo de trabalho, repensando suas atividades, verificando atividades desnecessárias, eliminando etapas ou simplesmente aprendendo a priorizar suas tarefas. Os funcionários da ServB foram particularmente enfáticos em relatar que esta era uma atitude cobrada pela diretoria, que permanentemente estimulava seus empregados a encontrarem formas mais produtivas de trabalhar.

> "Para quem fica realmente, fica assoberbado. Então, ele tem que trabalhar no sentido de vislumbrar meios de tornar esse trabalho mais fácil. De otimizar esse trabalho, de forma que possa desenvolver atividades que outra pessoa vinha desenvolvendo e que consiga dar conta das duas coisas, não só das atividades que ele já tinha, como também das atividades que foram repassadas em função da saída do outro empregado. Então, ele tem que arranjar uma forma, um artifício que facilite o trabalho dele."

Uma das formas citadas pelos funcionários para lidar com o excesso de trabalho foi a mudança de atitude. Um empregado indicou que tinha aprendido a controlar sua ansiedade, conseguindo tranqüilidade para tomar melhores decisões. Outro funcionário apontou a necessidade de aprender a trabalhar sob pressão, uma vez que esta seria uma realidade dali para diante.

A terceirização de algumas atividades foi uma estratégia adotada pelas empresas para lidar com maior carga de trabalho sem ter que fazer contratações adicionais. Em algumas situações, a mão-de-obra foi substituída por empreiteiras que, embora não tivessem o padrão de qualidade necessário, estavam sendo treinadas e ajustadas para atender às necessidades de atividades que deixaram de ser executadas internamente. Em algumas situações, houve recontratação de antigos funcionários, mas sempre de forma parcimoniosa.

O quadro 6.2. resume as estratégias utilizadas pelos remanescentes para lidar com o aumento na carga de trabalho.

Quadro 6.2
Estratégias para Lidar com o Aumento na Carga de Trabalho

Estratégias	ServA	ServB	ServC
Tecnologia	Implantação de tecnologia	Implantação de tecnologia	Implantação de tecnologia
		Automatização do trabalho	Abandonar a cultura do papel, usar *modem*, *Notes*
Terceirização	Terceirização de atividades	Terceirização de atividades	Tercerização de atividades
Inteligência na forma de trabalhar		Racionalizar trabalho, deixar de fazer trabalhos	Repensar o trabalho para fazer de forma mais inteligente
		Aprender a priorizar o serviço	
			Analisar o processo e ver se pode eliminar etapas
		Repensar o serviço	
		Organizar o trabalho	
Equilíbrio pessoal		Melhorar a ansiedade para ter mais equilíbrio nas decisões	Aprender a trabalhar sob pressão
Gerência	Remanejamento de pessoas	Aprender a delegar	Redistribuir melhor as tarefas e premiar
	Contratação de pessoas		

POUCO TEMPO PARA A VIDA PESSOAL E FAMILIAR

Não obstante as estratégias utilizadas por gerentes e funcionários para otimizar o trabalho, grande parte dos empregados aumentou o número de horas trabalhadas. Essa modificação no horário de cada um, com jornadas mais longas, trabalho nos finais de semana, trabalho levado para casa, ausência de férias, impossibilidade de programação dos feriados, disponibilidade para a empresa, mesmo estando em casa, teve conseqüências sobre a vida diária e familiar de cada um.

> "A gente trabalha o nosso normal para conseguir dar conta de muitas coisas e trabalha muito além do horário, e isso prejudica o outro lado. Profissionalmente a gente se dá bastante, mas se você for olhar, está todo mundo deixando de lado uma série de coisas pessoais."

> "O número de horas aumentou, com certeza. Hoje a gente trabalha das sete às 20 horas sem se aperceber. ... Hoje a gente acaba saindo às 20 horas e acha que daria para ficar um pouco mais, ou precisa ficar um pouco mais. Então isso exige um pouco mais de compreensão da família, dos filhos. Final de semana também não dá sempre para a gente estar curtindo a família."

Cansaço físico e estresse foram conseqüências comuns. Alguns funcionários indicaram estar tão cansados nos finais de semana e nas folgas que lhes faltavam forças para o lazer com a família. Essa situação exigiu da família maior compreensão, pois, muitas vezes, o passeio programado para o fim de semana não pôde ser realizado. Lidar com a pressão, com a decepção familiar por causa da ausência e ainda com a própria culpa foram questões enfrentadas por aqueles com jornadas mais longas. Alguns registraram, também, preocupações com a saúde pessoal no presente e no futuro.

> "Você se entrega tanto para a coisa que faz, que você chega em casa cansado. ... Eu dou um exemplo, domingo agora eu trabalhei. Semana passada eu trabalhei das sete às sete, todo dia das

sete às sete, até sábado. Porque um colega entrou de férias. Então cheguei em casa às oito horas da noite. Cansado, mas daí a mulher queria sair. ... 'Ah, não, hoje de casa eu não saio, de casa não saio'. Dormi domingo até meio-dia, comprei comida e 'de casa hoje não saio'. Porque segunda-feira tinha que pegar cedo de novo."

"Sábado e domingo não existem mais. Também feriado. 'Ah, no feriado vou me programar, vou sair com a minha esposa e meus filhos para passear'. Não, não existe nada disso."

"Outro dia uma colega minha teve que ficar aqui até meia-noite. Ela saiu daqui às dez para meia-noite por causa de um trabalho que ela tinha que fazer... Ela falou: 'Você tinha que ver a quantidade de carros que tinha lá no estacionamento'. ... São pais de família que não estão em casa com as famílias e a gente sabe que aqui a gente tem uma grande quantidade de pais de adolescentes, pela faixa etária... Esses carros que estão aqui embaixo, os proprietários estão deixando de cumprir outro papel lá fora, que é estar acompanhando os filhos, estar junto com a mulher, com a família deles."

As horas adicionais de trabalho foram viabilizadas mediante o envolvimento de familiares. Funcionários com filhos pequenos abdicaram de apanhar os filhos na escola, tendo sido obrigados a repassar esta tarefa a outras pessoas. Alguns empregados registraram que atividades paralelas, como um curso ou um *hobby*, tiveram que ser reduzidas e até mesmo canceladas.

"Quando houve a privatização, mudou completamente a nossa forma de estar em casa. No tempo de estatal, eu saía às seis, seis e meia e eu até saía tarde, eu ainda era o último a pegar minha filha na escola, seis e meia da tarde. ... Hoje eu nunca vou buscar, lógico. Eu já digo que eu não vou porque, se eu falar em sair às seis e meia, é um absurdo, eu não vou sair. Lógico que eu não vou sair."

As muitas horas de trabalho tiveram, como conseqüência, também, um estresse causado pelo fato de a pessoa não conseguir se desligar dos problemas da empresa. Em uma das organizações estudadas, por exemplo, alguns empregados tinham aparelho celular cedido pela empresa, o que as colocava à disposição para o trabalho mesmo nos finais de semana e de madrugada. Assuntos urgentes poderiam interromper a folga e o sono do funcionário.

Em síntese, as mudanças na carga de trabalho foram percebidas como afetando, mesmo que apenas potencialmente, a saúde, produzindo estresse físico e mental, além de prejudicar a vida pessoal, interferindo nas relações familiares (Quadro 6.3).

Quadro 6.3
Conseqüências Percebidas das Horas Prolongadas de Trabalho na Vida Pessoal e Familiar

Áreas Afetadas	ServA	ServB	ServC
Saúde e estresse físico	Cansaço físico	Cansaço físico	Cansaço físico
		Sem forças físicas no fim de semana para outras atividades	
	Excesso de trabalho poderia causar problemas de saúde no futuro	Medo de errar por fadiga	
	Sem tempo para atividade física, nem para caminhar	Medo de ter um enfarte	
Estresse mental	Não conseguir se desligar do trabalho	Estar sempre pensando no trabalho	
	Muita pressão: preferível perder o emprego a morrer	Poder ser chamado ao trabalho a qualquer hora, à noite, de madrugada e nos fins de semana	
Família	Falta de tempo para lazer com a família	Sem tempo para lazer com a família nos finais de semana	Trabalho nos fins de semana – menos lazer com a família
	Filhos em casa sem assistência	Outras pessoas dando assistência aos filhos	Família ficava de lado
		Decepção da família por se trabalhar na folga	
		Família necessitava ter mais compreensão	
		Nervosismo descontado na família	
Outros	Falta de tempo para estudar		Outras atividades particulares abandonadas

MAIS MUDANÇAS

Multifuncionalidade

O aumento das horas de trabalho foi apenas uma das mudanças enfrentadas pelos funcionários remanescentes. Outras modificações ocorreram na forma de os empregados trabalharem, como, por exemplo, a ampliação do escopo do trabalho.

Em vez de estrita divisão do trabalho, funcionários passaram a trabalhar com escopo menos nítido, realizando tarefas acessórias às principais, aprendendo o ofício de outro especialista, substituindo empregados em férias ou em treinamento ou acumulando as funções de outro empregado desligado.

> "Talvez pela quantidade de pessoas, eu tinha três pessoas na rescisão de contrato. Hoje eu tenho uma só que domina. Eu tenho uma outra que conhece, mas ela conhece porque é *backup* do outro. Elas não ficam fazendo as mesmas coisas. Um faz a rescisão e o outro conhece porque, numa eventualidade, ele cobre a ausência do outro."

Os funcionários passaram, portanto, a trabalhar com gama maior de tarefas. Na ServB, a prática institucionalizou-se em todos os níveis organizacionais, desde a base até a alta gerência. Um dos operários relatou que, além das tarefas normais de seu dia-a-dia, ainda fazia pequenas reformas na arquitetura do prédio.

> "Eu acho que não tem mais como demitir ninguém. Está apertado mesmo, está faltando gente. Porque esse pessoal que está aqui dentro nos meus setores, eles não consertam só máquinas. No papel, no gráfico da ServB esta lá: turma do André e do José é para consertar máquina. Mas não existe um quadro lá extra, que diz que carrega caminhão e descarrega caminhão. Não existe um quadro lá que diz que desmancha parede e levanta parede. Não existe esse quadro. Mas tudo isso aí nós fizemos. Não existe um quadro lá de lavar máquinas... mas existe o quadro de meta de máquinas, consertar máquinas. Mas construir parede de alvena-

ria, fazer reforma, tudo isso não existe, mas esse número de pessoas que restou faz tudo isso."

No nível administrativo, os funcionários passaram a dominar tarefas que antes eram da responsabilidade de dois ou três empregados. Mesmo no nível gerencial, aboliram-se as secretárias e mensageiros, e gerentes e funcionários em cargos técnicos passaram a cuidar – com certa resistência – de sua própria correspondência e telefonemas.

> "Hoje, quando você diz para um engenheiro que ele tem que arquivar a carta que ele recebeu do cliente, ele fala assim: 'Mas eu arquivar! Eu sou engenheiro!' Como se dissesse assim: "Que absurdo, eu, engenheiro, arquivando papel...' Então isso não é uma coisa ainda absorvida... À medida que ele vai vendo que não tem ninguém para fazer, ele acaba fazendo."

Na ServA, no entanto, não houve registro deste tipo de mudança. Uma semana de entrevistas e visitas aos várias locais de trabalho da empresa revelou uma estrutura mais tradicional de operação, com secretárias atendendo as gerências e contínuos realizando serviços de entrega.

Esse movimento de ampliação da atuação foi bem aceito pelos funcionários. Pode-se conjeturar que a insegurança e o medo de demissão tenham contribuído para que os empregados aceitassem as novas funções, procurando tornar-se indispensáveis aos olhos da empresa. Um depoimento de um gerente da ServB pode ilustrar essa questão:

> "A gente percebe que as pessoas começaram a querer fazer cada vez mais. Então, quem era dono de um processo quis virar dono de dois ou três processos. Por quê? Aí o tempo ficava preenchido. Para a pessoa, de certa forma, era um modo de se segurar dentro da companhia".

Aumento da responsabilidade sobre as tarefas

Empregados tiveram também um aumento na sua autonomia de ação. No caso da ServB, particularmente, os empregados relataram que as soluções para os problemas deveriam ser criadas por eles mesmo e não adiantaria pedir para o chefe dar a solução.

> "As pessoas respeitam e eu acho que elas sabem até onde elas têm que resolver as coisas que são responsabilidade delas, que não adianta jogar o macaquinho para as costas dos outros. Elas têm que resolver o problema, não adianta trazer para cá achando que o diretor vai resolver. Hoje cada um de nós tem responsabilidade sobre uma boa parte daquilo que nós decidimos."

Comprometimento

A palavra comprometimento foi, também, bastante citada pelos funcionários. Embora com interpretações diferentes por parte dos empregados, significava, via de regra, empenho e dedicação no alcance das metas empresariais.

Os empregados passaram a se comprometer mais com o cumprimento dos objetivos de suas empresas. Duas linhas de interpretação se apresentam. Na primeira, supõe-se que o empregado tenha-se conscientizado de que o sucesso da empresa depende do empenho de cada um. Na segunda, relaciona-se o comprometimento ao medo de ser demitido.

> "Eu vi muitas pessoas, que não eram comprometidas, hoje estarem comprometidas. Isso já vem acontecendo, esse tipo de mudança. Hoje você vê as pessoas completamente comprometidas e, na minha equipe aqui, eu acho que só dá para trabalhar se estiver comprometido."

> "Eles estão trabalhando mais, se comprometendo mais. Porque acho que a partir do momento que você trabalhar menos e produzir menos, a empresa não vai querer contar mais com você no quadro. Ela precisa de um quadro de pessoas que estejam aptas, produzindo. Não de pessoas que não estejam produzindo. Se você não quer produzir, você fica em casa."

PREOCUPAÇÃO COM A EFICIÊNCIA DA EMPRESA E COM O AMBIENTE EXTERNO

A mudança de estatal para privada fez com que os empregados prestassem maior atenção às informações financeiras e comerciais da empresa. Orçamentos mais rígidos, redução de custos, geração de receitas, ameaça da concorrência e atendimento ao cliente passaram a fazer parte das preocupações dos funcionários. Empregados entenderam que a empresa privada dependia do lucro e da base de clientes para sobreviver.

> "As empresas particulares, elas têm que dar lucro. Se não der lucro, vai fechar a porta. Se isso aqui não der lucro, tem que entregar a chave... e ir embora. Para dar lucro, o que tem que fazer? Tem de captar bastante cliente, ganhar dinheiro e gastar pouco. Essa é a realidade. Então, isso está sendo incutido. O pessoal tem feito umas tarefas, passando essas informações para o pessoal, e o pessoal tem assimilado bem."

> "Hoje, a gente trabalha com um orçamento bem rígido. Se você precisa comprar um computador, tem que fazer a programação para isso, tem que ter uma justificativa".

Os empregados passaram a olhar, também, para o ambiente externo à empresa. Alguns funcionários realçaram a importância de se prestar atenção à imagem da empresa, aos clientes e à concorrência.

> "Nós agora temos que competir. Se a gente não der o máximo da gente, a empresa vai quebrar. Ao invés de demitir, vai ter que mandar todo mundo embora. Então, com isso, as pessoas que ficaram, elas têm que se dedicar para dar conta. ... Eu tenho que vender a imagem da minha empresa. Tanto que nós ficamos esses dois últimos meses realmente vendendo a imagem da empresa. Eu me senti, assim, orgulhosa... Mas eu faço isso com amor, porque é ela que me mantém."

Uma das empresas estudadas estava entrando em mercado altamente competitivo, tendo que lutar para manter e até aumentar sua fatia de mercado, garantir a rentabilidade e impedir que a concorrência ganhasse terreno.

> "Ela vai trabalhar com uma competição acirrada. Cada vez mais visando, querendo o cliente, ter o cliente com todas as suas forças. Porque se ela não fizer isso, a concorrente vai pegar. As concorrentes estão cada vez mais fortes... Então cada vez mais o corpo de funcionários da empresa tem que estar preparado para a competição, como se fosse diária."

O raciocínio utilizado pelos empregados indicava que a redução de custos teria como efeito preços mais competitivos, o que, por sua vez, garantia mais clientes e, por conseqüência, o próprio emprego.

> "Então, o que a gente precisa? Nós precisamos reduzir os nossos custos. Precisamos fazer com que os nossos serviços sejam competitivos, para que a gente possa continuar ganhando a confiança de nossos clientes, para que a gente possa ter o mercado e, como conseqüência, ter o nosso emprego."

A conscientização de que o ambiente de negócios da empresa tinha se alterado fez com que empregados aceitassem mais facilmente as ações direcionadas à contenção de custos, à conquista de clientes, à ampliação da parcela de mercado e ao aporte de tecnologias voltadas para o atendimento externo e poupadoras de mão-de-obra.

CAPÍTULO 7

DEPOIS DE TUDO: A NOVA ORGANIZAÇÃO

Às empresas ServA, ServB e ServC foram impostas várias demandas após a privatização: acionistas exigem rentabilidade, clientes exigem atendimento com qualidade e agilidade, órgãos reguladores impõem o cumprimento de normas e os concorrentes ameaçam tirar fatia de mercado. Para que todos esses desafios fossem enfrentados, as empresas tiveram que realizar uma série de mudanças que implicou a adoção de novas práticas organizacionais, relativas, principalmente, à intensa cobrança de resultados, à política de valorização dos empregados, à agilização da comunicação e do processo decisório e, também, à contratação de novos funcionários.

Intensa cobrança

Uma grande mudança foi a cobrança de resultados que passou a haver depois da privatização. Essa cobrança pôde ser percebida por meio da pressão para o cumprimento e mesmo extensão do horário de trabalho, para a execução de atividades paralelas, para o atingimento de metas, para o cumprimento dos prazos e para a realização de maior quantidade de tarefas.

As cobranças sobre o horário eram feitas a partir das seguintes pressões: chegar no trabalho na hora, não perder tempo com conversas, trabalhar até mais tarde, levar trabalho para o fim de semana, ir ao médico e ao dentista fora do horário de trabalho, realizar exames médicos nos dias de férias ou tirar menos dias de férias do que o previsto em lei.

"Antes o pessoal parava para tomar café. Por exemplo, tinha a reunião dos líderes de manhã, das sete às sete e meia. Era um horário em que o pessoal quase não trabalhava, ficava tomando cafezinho, depois parava para tomar café. ... Hoje em dia, não, você tem que entregar o seu serviço, você tem que entregar no final do expediente. Se passam um serviço grande, até o final de semana, até lá você tem que entregar mesmo."

"Então, tem gente hoje em dia que fala: 'Não, vou ao dentista.' Marca o dentista para duas horas mais tarde! Não dá? Tem dentista às dez da noite? Vai às dez da noite. Não dá para ser assim mais, entendeu? A pessoa tem dias de férias? Então tira dias de férias, faz todos os seus exames nesses dias e volta. Porque não dá tempo, entendeu? ... Porque a exigência é muito grande."

"Lá na minha área eu falei: 'Gerente não pode tirar mais de uma semana de férias. Não, de jeito nenhum. Empregado tira, gerente não.' Uma semana no máximo. Não tem condições."

Por outro lado, havia uma preocupação de que este ritmo intenso, se levado por um prazo muito longo, poderia prejudicar a saúde no futuro.

"Eu sei que estou agindo errado do ponto de vista da saúde. Hoje, se você me perguntar, eu não sinto nada. Tenho uma disposição para o trabalho enorme. Mas eu estou cavando o buraco lá na frente. Então, eu estou preocupado hoje. Esse ritmo, eu tenho certeza de que preciso reduzir. Tenho que reduzir."

A cobrança pelo cumprimento de metas foi outra mudança relatada pelos empregados. Em uma das empresas, o recebimento de bônus estava atrelado ao alcance das metas individuais.

"As pessoas são cobradas pelas metas individuais. Eu tenho uma meta individual que tenho que alcançar, um valor X de vendas. Se eu não alcançar esse valor X, eu tenho nota mais baixa, digamos, eu não ganho o bônus."

"Existem metas a serem cumpridas. Coloca isso como o item número um. Tem prazo, você negocia o prazo. Agora, depois de negociado o prazo, aí é sua responsabilidade cumprir o prazo."

Atrelado ao cumprimento das metas estava, portanto, o cumprimento de prazos. Um registro freqüente foi o de que as tarefas tinham que ser realizadas mais rapidamente, com mais agilidade. Além dos prazos serem menores, havia pressão para que o trabalho não atrasasse. Um funcionário reclamou da insensibilidade da gerência ao exigir que trabalhos que normalmente seriam realizados em uma semana ficassem prontos em um dia.

> "Às vezes há crueldade no sistema, há insensibilidade. ... Sei lá, tenho aprendido a lidar com isso, a lidar com essas situações, com pressão extrema. ... O cara chega com o trabalho, com o serviço para amanhã. 'Sinto muito, isso aqui você sabe que eu levo uma semana para fazer.". Não, tem que ser para amanhã.' E, às vezes, é humanamente impossível você fazer isso."

Os empregados se sentiam cobrados a trabalhar de forma mais inteligente. Em um processo de autocrítica, questionavam-se se aquilo que estavam fazendo era necessário e se estava sendo feito da melhor forma possível. Havia, também, segundo um dos empregados, menor tolerância com erro, exigindo maior atenção e controle das tarefas realizadas.

> "Às vezes a gente sofre certas críticas. Não é porque a gente é do período de estatal, mas aí está uma prova de que realmente é feito assim porque sempre se fez assim. ... A gente sabe que a empresa é outra, que tem que questionar tudo. Tem sempre que ver se não tem uma alternativa, uma forma melhor de operar."

> "O número de horas que eu trabalho hoje é muito maior. O grau de acurácia das informações é muitíssimo maior. O nível de controle que a gente tem que exercer sobre o processo, sobre as informações, é infinitamente maior. A cobrança é muito maior, a paciência é zero. Para erro, é zero."

As reações a essa cobrança manifestaram-se de formas variadas: sentimento de falta de sensibilidade da gerência nos casos de prazos exíguos, vigília sobre o próprio trabalho, sentimento de sobrecarga, cobrança pelo autodesenvolvimento e, principalmente, estresse.

Em algumas situações, notadamente na ServB, os empregados indicaram que faziam tudo o que fosse necessário sem que fosse preciso alguém ficar cobrando. Dentro de uma postura crítica, pode-se dizer que boa parte desses funcionários, na verdade, internalizou a cobrança existente.

> "Então eu vejo maior autonomia, tanto no lado técnico, quanto no lado gerencial. Eles querem ver resultados. Então eu contrato isso, contrato aquilo, executo isso, executo aquilo, o problema é meu. Tem que ter resultado nisso aí."

CRESCIMENTO PROFISSIONAL E PESSOAL

O crescimento profissional dos funcionários ocorreu por dois grandes motivos: o primeiro, gerado pela empresa, que passou a investir no funcionário e a valorizar o seu trabalho. O segundo teve origem no próprio empregado, que passou a se preocupar com seu autodesenvolvimento em função de percepção de defasagem no conhecimento, preocupação com a empregabilidade, comparação com outros profissionais e preocupação com a implantação de um novo plano de cargos e salários.

Empresa valoriza e investe no empregado

No caso da ServB, os empregados da área operacional foram especialmente contemplados com ações de valorização. Os exemplos citados referem-se a ações de alto valor simbólico – como o presidente vestir um macacão, ir conversar com funcionários e participar de um dia de trabalho – e a ações concretas de promoção de pessoas da base operacional ao nível de gerência, fato este inédito na empresa.

> "As pessoas estão muito valorizadas, principalmente na área operacional. Porque se percebeu que, para cuidar de um negócio como a gente, no nível técnico, no nível intermediário, não se encontram no mercado pessoas com tanta experiência. Eu acho

que as pessoas, principalmente da área operacional, foram muito valorizadas."

A delegação de tarefas, os treinamentos ministrados e o desejo de ouvir opiniões foram percebidos, pelos funcionários da ServB, como manifestações de valorização da contribuição e do trabalho.

> "Eu domino muito bem a informática hoje. E é a satisfação pessoal mesmo. Eu acho que hoje eu sou muito mais valorizado do que eu era antes. Isso com certeza. Sou muito mais ouvido."

No caso da ServC, o desenvolvimento de pessoal na época de estatal era uma atividade bastante restrita, devido às limitações de gastos. Na nova empresa houve preocupação em se realizar um grande investimento na melhoria da qualificação das pessoas, desde o nível mais baixo até o nível gerencial. O espectro de cursos foi abrangente: desde o de informática até alguns tecnicamente mais específicos.

> "Existem três tipos de plano. Existe o treinamento de gerente, que é um treinamento gerencial. A própria empresa se encarrega de programar... Existe o treinamento de informática, que é para todos os funcionários, para poder capacitar... Hoje em dia você tem um micro praticamente na mesa de cada funcionário. Na época de estatal, nem pensar, era um micro para cada cem funcionários. ... Em função disso, o pessoal teve que ser treinado. Houve um treinamento maciço em informática... E tem um treinamento que é voluntário. O engenheiro sabe que vai ter um curso, ele me procura, eu coordeno... eu controlo a verba disso."

> "Desses 136 eu coloquei 71 operadores de primeiro grau. Já mandei fazer um levantamento com eles, de quem está fazendo curso técnico, quem não está, justamente para ver o aproveitamento em outras carreiras e eles sabem disso. Uns estão estudando, outros que estão comigo como técnicos, nós estamos fazendo cursos de treinamento intensivo à noite. Quando é que estatal ia fazer isso sem pagar hora extra? Tem uma salinha ali de treinamento, eu contratei até um engenheiro nosso com experiência em

determinada área de trabalho e ele está dando aula aí para o meu pessoal. É à noite, de seis às oito da noite, duas vezes por semana, três vezes..."

Empregado interessado no autodesenvolvimento

No caso da ServC, por exemplo, boa parte dos funcionários administrativos tinha apenas o segundo grau e não se interessava em continuar a estudar. Como a estatal garantia a estabilidade e também não pressionava o funcionário a estudar, este não sentia estímulo em investir em seu desenvolvimento.

"Classificando os funcionários administrativos, você verificava que a maior parte terminava o segundo grau e parava. Cursos? Aqueles que a ServC oferecia aos empregados. Mas aquele desenvolvimento, de você mesmo procurar melhorar e ter novos conhecimentos, isso era um pouquinho difícil de você verificar a disponibilidade do próprio empregado. A não ser que a ServC oferecesse o curso."

Após a privatização, houve um grande investimento da ServC em sistemas de informática que passaram a integrar diversos processos da empresa. Aqueles que não sabiam lidar com essa tecnologia encontraram dificuldade em realizar o trabalho. Além disso, entenderam que, sem o domínio das novas tecnologias, teriam dificuldade de encontrar novo emprego, caso fossem demitidos. Geraram-se, assim, necessidade e motivação para o aprendizado dessas ferramentas.

"Então, com essa informatização, com esses novos programas que a empresa vem comprando e vem colocando em prática, o trabalho que se fazia não se pode mais fazer sem informática. Está tudo voltado para a informática. Então as pessoas se preocupam: 'Se eu sair daqui, se a empresa não precisar mais dos meus serviços, o que eu vou fazer no mercado de trabalho aí fora?' Essa é a grande preocupação."

Com a contratação de novos profissionais e consultorias, surgiram oportunidades de comparar a qualificação e domínio de técnicas e metodologias:

> "Hoje o empregado corre atrás. Está mais atento a quem está entrando. Aqueles que entram são parâmetro de comparação e de estímulo. Pode ser ameaçador também e mobiliza a pessoa a buscar um espaço. Acorda a pessoa para o momento que está vivendo."

As principais estratégias dos funcionários para melhorar sua qualificação foram a procura por cursos oferecidos pela empresa, a troca de conhecimentos com colegas e a contratação, por conta própria, de professores e de cursos:

> "Esses que estão mais conscientes, e sentem essa mudança, você percebe que eles estão mais ávidos por aprender, crescer e se instruir. Fazer cursos para desenvolver mais o seu potencial, ter um currículo melhor. Isso eu sinto. As pessoas vêm conversar nesse sentido: 'será que eu vou ter chance de fazer um curso assim e assim? Eu quero fazer desse jeito, mas não consigo, por exemplo, fazer um gráfico maravilhoso, porque eu não tenho muito conhecimento de *Excel*, o que eu sei, eu aprendi sozinho'. E não é só buscando curso no sentido só de diploma. No sentido, também, de procurar o colega que tem aquele conhecimento para tentar trocar e isso eu sinto muito aqui também."

COMUNICAÇÃO E PROCESSO DECISÓRIO MAIS ÁGEIS

Os relatos dos funcionários indicam que houve grande melhoria na comunicação – tanto vertical quanto horizontal – dentro da empresa. A facilidade de falar com superiores agilizou o processo decisório e facilitou o trabalho daqueles que dependiam de uma informação ou decisão superior.

Três fatores foram indicados como os principais responsáveis pela comunicação mais fácil e mais ágil: estrutura hierárquica mais enxuta, cultura de fácil acesso à gerência e, em alguns casos, mudança no leiaute físico, com eliminação de salas exclusivas para diretores e gerentes.

> "Hoje as coisas vão mais rápido. Por quê? Se eu preciso resolver algum assunto, eu ligo para a secretária do diretor de R.H., digo: 'eu preciso marcar uma hora para resolver um assunto com ele'. E ele dá valor àquilo que eu tenho que falar com ele. Ele me atende. Na estatal já era mais difícil, porque você tinha que respeitar muito, a hierarquia era muito rígida. Então mandava você para aquele, ele tinha que dar o parecer dele, daí mandava para outro, que também tinha que dar o parecer, e até que chegasse no superintendente demorava uma semana."

Reuniões com chefes diretos e mesmo com chefias mais altas tornaram-se mais freqüentes.

> "Eu não tinha o acesso que eu tenho hoje aos meus superiores hierárquicos. ... Em 20 anos eu fui, talvez, a uma reunião com diretor. Depois de privatizada, eu já fui a várias. Com o superintendente, é quase todo dia."

Na época de estatal, uma das reclamações dizia respeito ao difícil acesso aos níveis superiores. Se havia necessidade de uma decisão, tinha-se que escrever memorandos, encaminhar aos chefes imediatos. Estes, por sua vez, dirigiam-se aos seus chefes e assim por diante. Na empresa privatizada não havia mais tanta obediência à estrutura hierárquica. A comunicação passou a ser feita de forma mais direta. Assim, subordinados que necessitavam de decisões de níveis superiores podiam perguntar sem constrangimentos, marcações de agenda ou memorandos.

> "A única coisa que mudou muito, a gente nota bastante diferença, é o acesso. Por exemplo, na estatal, para você falar com o superintendente, era muito difícil. Você tinha que passar, quase que marcar uma audiência para falar com ele. Só se fosse assim muito urgente. Agora, se tivesse um problema e precisasse falar com ele, era muito difícil. E hoje, não, hoje, se eu precisar falar com o presidente, se ele estiver ali, posso entrar, sentar na mesa dele e conversar com ele. Mais aberta... a gente vê que é uma filosofia da empresa."

Da mesma forma, quando os níveis superiores precisavam trabalhar com pessoas situadas abaixo na escala hierárquica, isso era feito sem que as gerências intermediárias tivessem, necessariamente, que participar.

> "Aquela formação hierárquica, apesar de existir, ela é toda hora quebrada. O superintendente chama para uma reunião, o chefe de departamento nem sabe que se chamou aquele engenheiro para ir para uma reunião. Então, você nem sabe e depois o engenheiro vem e conta que foi para uma reunião."

A disponibilidade para conversas foi outro fator citado. Um dos entrevistados disse que os chefes passaram a circular constantemente pela empresa, facilitando o contato com funcionários.

> "O Lúcio, que é o chefe, vem aí e conversa conosco. A própria Maria entra na oficina e cumprimenta todo mundo, mesmo de salto alto, toda bonitona, do jeito que ela vem. Não tem receio de apertar a mão de ninguém."

Todo esse processo fez com que os funcionários se tornassem conhecidos. Um funcionário disse ter sido promovido na estatal sem que os chefes de seu chefe soubessem quem ele era. Na empresa privada, com o acesso mais fácil e reuniões mais freqüentes, os chefes de níveis superiores teriam passado a conhecer os funcionários pelo nome.

> "Quando eu fui nomeado chefe pela primeira vez, meu superintendente nem sabia quem eu era. O chefe de departamento me conhecia e me nomeou, mas o superintendente nem me conhecia, nem sabia quem eu era. O diretor muito menos. Hoje, não. As coisas são diferentes. Na hora que você fala no nome de um cara com um superintendente, ele sabe quem é."

A circulação horizontal das informações também se agilizou, se comparada com o tempo em que a empresa era estatal. As informações solicitadas seriam, segundo um funcionário, prontamente fornecidas sem que fosse necessário repetir o pedido.

> "Porque às vezes, na estatal, para vir um documento de freqüência, para saber se o empregado tinha hora extra ou não, você ligava e pedia e aquilo demorava uma semana para vir. Hoje,

automaticamente, no mesmo dia, chegam todas as informações para a gente."

O sistema de informações também melhorou muito na empresa privatizada. As informações passaram a ser divulgadas pelo sistema interno de correio eletrônico, por informativos anexados ao contracheque, por cartazes e por reuniões com subordinados.

"Eles sempre passam o resultado do mês. A gente tem correio eletrônico, então se informa como foi o desempenho da empresa, qual vai ser a meta do próximo mês... E, sempre, se colocando à disposição para quem quiser tirar dúvidas."

"Hoje em dia, a gente recebe, sempre quando vem o holerite, um boletim sobre a empresa, com o que está acontecendo. São pessoas inovando a empresa. Através disso, a gente fica sabendo. A gente discute, conversa com os chefes, para saber se os chefes sabem de alguma coisa."

Na percepção de dois dos entrevistados, esse sistema de livre comunicação e, principalmente, a informação sobre o alcance das metas da empresa funcionariam como motivador para a base – operacional e administrativa – da empresa. Na percepção de um deles, a divulgação das metas proporcionaria não apenas um incentivo, como também um senso de direção.

"A motivação aumenta justamente porque existe informação para a gente dos resultados alcançados pela empresa. Isso eu acho que é muito importante. Existe uma circulação de informação dizendo que a empresa, realmente, está conseguindo cumprir as metas devidas. Ou não. Quando não consegue, também existe essa informação. Então, esse tipo de motivação ocorre, na minha opinião, por causa disso, justamente porque a informação, assim, não fica somente na cúpula. Vai para a base, para o pessoal da oficina... Assim, há motivação, tanto que já foram realizados muito mais serviços nesse período de empresa privatizada do que, eu acho, em todo o tempo em que eu trabalhei na estatal."

"Hoje você vê que nós temos uma meta visível para todo mundo... Então, isso é um ponto forte. No tempo de estatal, o que é que nós tínhamos de meta? Não sei. Não tinha: produzir tanto. Esse ano, nós sabemos: nós temos que produzir... Nós sabemos quanto temos que gerar de receita. Então isso dá um horizonte para você tentar."

CONTRATAÇÃO DE NOVOS EMPREGADOS

A contratação de novos funcionários foi assunto relevante, embora por razões diferentes, nas empresas ServB e ServC. No caso da ServB, grande parte dos entrevistados fez referência ao programa de *trainees*. Inicialmente visto pela alta gerência como "salvação da pátria", o programa de *trainee* fez com que, em um primeiro momento, funcionários remanescentes tivessem a sensação de formação de uma casta privilegiada de empregados.

"Porque, realmente, o que houve é que a primeira leva de *trainees* foi vista como salvadora da empresa. Todos os que vieram da estatal tinham um carimbo e não serviriam."

Os *trainees* tornaram-se uma ameaça aos remanescentes segundo duas lógicas. Na primeira, o jovem contratado iria aprender todo o ofício e, depois, a empresa demitiria o empregado mais antigo. Na segunda, o novo empregado seria treinado para assumir as principais posições gerenciais, tirando cargos de chefia de funcionários egressos da estatal e diminuindo as chances de progressão de quem já estava na empresa.

"Alguns colegas meus, quando foi feito programa de *trainee*, acharam que era uma ameaça mortal. Que era o *trainee* ser contratado que ele ia ser mandado embora."

"A primeira fase foi horrível. Foi claramente visto que os *trainees* viriam para ficar no lugar dos chefes da estatal."

Na época da realização desta pesquisa, esse sentimento não havia ainda de todo desaparecido na ServB e parte dos entrevistados acreditava que futuras posições gerenciais estariam reservadas para os novos funcionários.

Para alguns dos entrevistados, porém, as promoções deixariam de privilegiar os novos funcionários e passariam a ser decididas com base no mérito. Mas mesmo se decidido com base em mérito, alguns sentiam que estavam em desvantagem do ponto de vista de formação e conhecimento das novas tecnologias.

> "Hoje eu acho que realmente vão ser os novos a assumir os cargos de chefia. Mas isso só vai acontecer se nós formos piores do que eles. E, de uma certa forma, nós somos. Porque não saímos da faculdade ontem, não somos bons em inglês. Em informática, nós não perdemos muito, mas não temos a última palavra".

Na ServC, ao mesmo tempo que eram oferecidos programas de desligamento voluntário, realizou-se um elevado número de novas contratações, chegando a 20% do quadro efetivo no biênio 1997/1998.

A contratação de novos empregados implicou questões diferentes daquelas observadas na ServB. Como um dos problemas da empresa referia-se a um quadro de funcionários envelhecido, a contratação de novos funcionários serviu para ressaltar a questão da idade. Na opinião de alguns, haveria necessidade de oxigenação, e a entrada de novos seria muito bem-vinda. Para outros, a entrada de novos funcionários funcionaria como pressão para a aposentadoria antecipada.

Na ServA, as contratações, até o momento desta pesquisa, foram na maioria direcionadas à formação de um *call center*. Um programa de treinamento de estagiários também estava sendo implantado. Uma das preocupações registradas quanto a este programa dizia respeito ao número excessivo de estagiários. Segundo um dos funcionários, poderia significar a formação de uma mão-de-obra que não poderia ser aproveitada na ServA e iria trabalhar na concorrência. De forma geral, no entanto, este não era um tema relevante para os remanescentes, se comparado a outras questões da privatização da ServA.

A GRANDE MUDANÇA: A RELAÇÃO EMPRESA - EMPREGADO

A mais importante questão enfrentada pelos remanescentes foi a alteração do contrato psicológico, que rege os termos da relação entre empregado e empresa, no que tange a direitos e deveres de cada parte.

A segurança perdida

Na estatal, dois fatores davam tranqüilidade aos empregados: a quase certeza da estabilidade no emprego e a expectativa de complementação de aposentaria pela fundação de seguridade associada à estatal. Assim, empregados de empresas estatais esperavam trabalhar na empresa até a data da aposentadoria e, depois, viver com a pensão proveniente do fundo de pensão.

Com a privatização e o *downsizing*, empregados remanescentes viram-se, em curto espaço de tempo, sem a estabilidade do emprego e, conseqüentemente, com a complementação de aposentadoria ameaçada. A precariedade do emprego e o sentimento de vulnerabilidade puderam ser constatados nas três empresas pesquisadas.

> "Eu tenho uma cultura de estatal. Vim para a estatal por causa da estabilidade, não tenho dúvida disso. Eu me desfiz do outro lado e vim para cá. Por causa da estabilidade, não foi por outra coisa, não. E tive ofertas de emprego, durante os anos dourados, para sair daqui e ganhar mais lá fora. Mas a estabilidade sempre teve um peso muito grande. Hoje eu estou pagando a conta de perder a estabilidade."

No caso específico da ServA, além da segurança perdida, os empregados tiveram que lidar com um sentimento de perda. Por ter sido, como estatal, uma empresa com grande prestígio em sua região, quando privatizada mudou a razão social e passou a fazer parte de uma *holding* que reunia outras empresas. Esse processo implicou, para os funcionários, perda de *status* e de identidade social.

> "A empresa era um *benchmark* interno. Então, tinha um problema sério de não querer integração com as outras empresas, porque ia deteriorar o nome dela. Os funcionários achavam a mesma coisa. 'Só uso o meu crachá. Eu não preciso de carteira de identidade, não preciso de nada. Sou ServA'."

Os empregados, de forma geral, tinham medo de que pudessem ocorrer novas reduções de pessoal. Este temor era justificado, uma vez que as pesquisas indicam que empresas que realizam programas de enxugamento têm maior probabilidade de realizar novas demissões no futuro.

Outro aspecto faz referência aos salários recebidos. Alguns empregados tinham medo de que a empresa contratasse profissionais no mercado, dispostos a trabalhar por uma remuneração bem menor. Esta preocupação também procedia. Pesquisas realizadas nos Estados Unidos indicam que a proporção de pessoas desligadas, com salários mais altos, aumentou muito desde a década de oitenta.

No caso da ServA, havia o temor de que os salários praticados pela empresa – mais altos do que os de mercado – fossem uma razão para a demissão. Nas áreas administrativas, os empregados tinham ainda mais medo da dispensa, pois sabiam que havia grande oferta de mão-de-obra no mercado.

> "Hoje, mesmo que a pessoa cumpra bem as suas funções, ela tem essa sensação de que, a qualquer momento, pode ser demitida. Por quê? A gente acha que os salários influenciam nisso. Pessoas que ganham muito tendem a ser substituídas por pessoas que ganham menos. Então, o mercado é um mercado farto de profissionais jovens que estão desesperados, querendo trabalhar."

Qualificação profissional e formação também eram motivos para preocupação. Para os remanescentes da ServA e da ServC, as inquietações relacionavam-se com a falta de preparo para atender às exigências futuras da empresa, o que teria gerado intensa procura por cursos de línguas e informática. No caso da ServB, alguns funcionários mostraram preocupação com a boa formação dos novos contratados, muitos dos quais haviam feito cursos de especialização e de pós-graduação, oportunidades essas, em geral, não disponíveis àqueles oriundos da estatal.

Embora não se possa medir o grau de segurança/insegurança das empresas, pode-se, a partir das entrevistas realizadas, inferir o grau de preocupação em cada empresa. No caso da ServA, as pessoas entendiam que o contrato tinha-se alterado e demissões poderiam ocorrer por necessidade de reestruturação da empresa. É possível que, no caso da ServA, parte da insegurança decorresse de terem as decisões estratégicas passado para a esfera da *holding*. Além disso, muitos funcionários da empresa haviam sido transferidos para outras regiões, o que pode ter aguçado o sentimento de vulnerabilidade.

Na ServB, o sentimento de insegurança era mais agudo, uma vez que a empresa vinha realizando demissões com freqüência, muitas delas envolvendo grande número de funcionários. Um dos temores mais específicos relacionava-se à imaginação de que a empresa demitiria todos os funcionários oriundos da estatal.

> "Acho que essa reformulação da diretoria, pessoas novas, o presidente é novo. Os diretores são novos. Porque eles não param de demitir. Isso me preocupa."

> " 'Não vai haver mais demissão, vocês fiquem tranqüilos.' Aí, de repente, surgiu uma demissão de 200. O que é? 'Isso aí é um ajustezinho.' No final do ano passado mandaram mais 500 pessoas embora. Então, o pessoal aqui da ServB que é oriundo da estatal está sempre preocupado. Por mais que a pessoa trabalhe, por mais que a pessoa seja esforçada, ela está sempre preocupada. Porque queira, ou não queira, ela é antiga dentro da empresa e a idéia da empresa é colocar gente nova."

Por outro lado, foi exatamente na ServB que os funcionários relataram maior crescimento profissional e maior esforço de valorização do empregado. Esse crescimento, de certa forma, fez com que se sentissem menos ansiosos em relação a uma possível demissão, percebendo-se mais preparados para o mercado de trabalho.

"Tudo isso que eu passei nesses dois anos, profissionalmente, se eu tivesse que sair hoje da companhia, eu diria que estou muito mais completo do que estava há dois anos. Pelo menos eu estou, vamos dizer assim, com os pés no chão do que é o mundo profissional. Eu entendo que meu crescimento, de onde eu vim, para onde eu estou hoje, eu considero um crescimento fantástico."

Empregados da ServC também perceberam mudança no contrato de trabalho. A insegurança estava, neste caso, mais ligada à idade do funcionário. Assim, empregados e gerentes perto dos 50 anos sabiam que o convite à antecipação da aposentadoria se aproximava.

"Quem está no cargo, permanece. Mas não é bem assim, porque você recebe algumas sinalizações, sugerindo que é melhor você sair da linha e pegar uma assessoria e tal e ir pensando na aposentadoria. A idéia é essa. Acima dos 50 anos, você deve ir pensando na aposentadoria."

Pode-se notar um esforço das próprias empresas em sinalizar ao empregado a modificação dos termos do relacionamento. Alguns gerentes, por exemplo, conversavam com seus funcionários procurando esclarecer a nova situação.

"O que a gente está tentando é fazer ver aos funcionários que continuam trabalhando na ServC que o emprego não é para toda a vida. Ele é uma etapa da vida e se encerra e você ou tem que arranjar outro emprego ou realmente se aposenta."

A relação passava a ter um cunho mais profissional e menos sentimental, principalmente para os novos admitidos. Se, para grande parte dos antigos funcionários, a ligação ainda era afetiva, para alguns e também para recém-admitidos passou a ser profissional e persistiria enquanto fosse de interesse de ambas as partes.

"A relação desse novo funcionário não é mais afetiva como nos antigos. Ela é mais profissional, com uma clareza maior para ambas as partes: empregado e empresa. Não tem mais aquela mistura."

"A relação de mercado mudou. A empresa precisa de mim tanto quanto eu dela. Se estiver bom para mim, ótimo, eu fico. Se não estiver, um abraço, eu vou embora. Vamos tentar o mercado. Como empresa privada, a filosofia é essa."

Como lidar com essa insegurança?

Quais os requisitos mínimos, então, para a permanência no emprego? Como se pode lidar com a precariedade do contrato de trabalho? De forma geral, os entrevistados relataram que os novos requisitos incluíam aceitar novos trabalhos, ser multifuncional, adquirir habilidades necessárias à empresa, trabalhar mais horas, agregar valor. Acresce-se, ainda, a necessidade de comprometimento no sentido de estar envolvido com as metas da empresa, alinhado com seus objetivos, contribuindo constantemente para o seu sucesso.

Se antes a estabilidade estava assegurada na maioria das situações, independentemente do nível de desempenho do empregado, a percepção agora era de que um importante requisito para se permanecer na empresa estaria na competência, no desempenho, na dedicação. Mas mesmo o desempenho e a dedicação pessoal não seriam suficientes e o emprego dependeria, também, dos resultados e da estratégia da empresa.

> "A empresa hoje, se ela tem bom resultado, seremos recompensados. Mas se os resultados forem ruins e a empresa tiver que fazer uma adequação a esse novo cenário, certamente o pacto não vai ser da mesma forma como era na estatal."

> "Eu estou aqui hoje. De repente, minha área ou meu trabalho deixam de existir. Digamos que a empresa, pelo planejamento, deixou de executar aquela atividade e eu sobrei."

Empregados procuravam aprender novas funções de forma a se tornarem polivalentes e, com isso, aumentarem a chance de permanecer no emprego. Um dos entrevistados, por exemplo, estava procurando trabalhar com uma equipe diferente da sua. Outro sugeriu que se deixasse a especialização de lado e se procurassem outras habilitações.

> "Porque no meu emprego, de alguma forma, eu estou procurando ser melhor ainda. Me dedicar mais, me preparar mais. Ser mais polivalente, procurar outros espaços. Isso aconteceu comigo. Eu estou trabalhando agora metade do tempo no setor de Recursos Humanos e metade com outro grupo de trabalho."

Desenvolver-se profissionalmente, fazer novos cursos, estar informado da situação da empresa e, também, ser capaz de perceber as mudanças de rumo que ocorressem dentro da empresa eram medidas que diminuiriam a chance de ser demitido. Nas palavras de um gerente:

> "Então, eu estou vendendo essa idéia, que é a seguinte: você tem mais chance de permanecer na organização, quanto mais você for competente, continuar estudando, continuar se autodesenvolvendo, continuar se comprometendo com o seu trabalho, fazendo o melhor."

A realização de horas extras e o prolongamento da jornada de trabalho eram vistos como requisitos para a permanência. Tentar cumprir as horas estabelecidas no contrato formal não seria suficiente. As pesquisas indicam que esta tem sido uma estratégia comum adotada pelos trabalhadores nos Estados Unidos, que estariam dispostos a trabalhar mais horas, tirar menos férias e mesmo aceitar menos benefícios com o objetivo de manter seus empregos.

> "O dia em que eu parar de trabalhar, o dia em que parar de ser dedicado, o dia em que eu resolver trabalhar só as minhas oito horas, eles vão me mandar embora. Enquanto eu estiver trabalhando as minhas 12, 13 horas, duas ou três de graça, estou legal. Mas o dia em que alguém disser: 'A partir de hoje só vou trabalhar das 7h às 11h e do meio-dia às 15h, ganho para isso. A carteira está assinada assim, não quero conversa', nesse dia o camarada não vai mais servir para eles. A verdade é essa."

Os requisitos para a permanência incluíam também a necessidade de mostrar produtividade, de "estar alinhado" com os objetivos da organização, de estar comprometido e no "espírito" da empresa privada.

"Então esse é um dos valores mais fortes que nós pregamos, temos que acreditar muito, porque se não acreditarmos, como é que vamos investir numa coisa em que não acreditamos? Como é que você vai levantar de manhã e fazer o seu trabalho aqui, se você não está acreditando? É complicado. Então a crença é um dos primeiros requisitos para permanecer aqui."

"De repente não adianta você querer ficar com quem realmente não incorporou o espírito. Se ainda tem alguém que não incorporou o espírito da privatização, não tem jeito, não."

Foram apresentadas formas de se lidar com o aspecto cognitivo da situação. Uma delas referiu-se à estratégia de não ficar pensando no assunto a toda hora ou, então, procurar esquecer o problema, reunindo-se e brincando com colegas na mesma situação. Desconsiderar a possibilidade de a demissão acontecer seria, também, uma estratégia similar. Assim, mecanismos de negação e fuga podiam servir ao intento de lidar com o sentimento de insegurança.

Lidar com sua própria emoção seria, segundo relato de um entrevistado, outra forma de enfrentar a situação. Segundo vários depoimentos, grande parte dos funcionários da estatal tinha com ela forte ligação afetiva. Na nova ordem, seria necessário, então, "deixar o coração de lado" e usar mais a razão. Dentro desta perspectiva, não haveria espaço na empresa privatizada para sentimentos e emoções.

Também foram utilizadas racionalizações. Assim, uma das lógicas seguidas dizia respeito ao fato de que, se o empregado precisava da empresa, esta, por sua vez, precisava dele. Não haveria, portanto, em sendo um bom funcionário, motivo por que temer a demissão. Pensar em situações familiares confortáveis, como ser solteiro ou não ter filhos, também era outra forma de alcançar mais tranqüilidade.

Pensar em alternativas fora da empresa podia ser, do mesmo modo, uma forma de buscar segurança. Assim, outro emprego ou ocupações alternativas foram cogitados pelos entrevistados, porém foram tratados com pouca ênfase ou antecipando muitas dificuldades. Por exemplo, viver de atividades de consultoria ou abrir seu próprio negócio foram vistos como alternativas arriscadas, uma vez que alguns colegas já as haviam tentado, sem grande êxito.

Por fim, para algumas pessoas, não haveria muito o que fazer a não ser continuar trabalhando, pois o desligamento viria em pouco tempo. Na visão de um dos entrevistados, seria como a morte, que viria não se sabe quando.

CAPÍTULO 8

A HISTÓRIA DA PRIVATIZAÇÃO E DO *DOWNSIZING* CONTADA POR METÁFORAS

Metáforas são uma forma simbólica e concisa de se expressar a respeito de eventos e situações. Segundo Morgan[1], é um "*modo de pensar* e uma *forma de ver*" as várias experiências que vivemos no mundo. Usar a metáfora, prossegue o autor, significa que tentamos "compreender um elemento da experiência em face de outro". Implica ressaltar, por força da comparação, determinados aspectos em detrimento de outros. Assim, a compreensão mais ampla de um fenômeno demanda a habilidade de reconhecer os várias aspectos que poderiam existir de "forma complementar ou até mesmo paradoxal"[2].

Ao longo das entrevistas realizadas para esta pesquisa, as imagens e metáforas foram naturalmente surgindo. Emergiram como um atalho comunicativo, uma tentativa de ilustrar uma situação ou um sentimento. Coletadas e analisadas, verificou-se que contavam a história da privatização e do *downsizing* pela ótica subjetiva dos atores. A história por metáforas difere, assim, pelo denso conteúdo simbólico, capaz de expressar sentimentos e emoções que a racionalidade empresarial provavelmente embota e, mesmo, obstrui.

---

[1] Morgan, G. *Imagens da organização*. São Paulo: Atlas, 1996, p.16.

[2] Ibidem, p.17.

UMA VISÃO GERAL DA HISTÓRIA CONTADA POR METÁFORAS

A história das três empresas pesquisadas pode ser sucintamente narrada da seguinte forma:

> "Vivia-se em família, em um mundo de paz e tranqüilidade, quando surgiram as primeiras ameaças de privatização. Ficou-se com um grande medo. Um medo parecido com o que se tem de doenças mortais, ainda sem cura, ou de monstros e fantasmas contra os quais não se sabe como lutar.
>
> Encerrada a privatização, aqueles que permaneceram na empresa – que implantou um programa de desligamento incentivado – sentiram como se um longo relacionamento amoroso houvesse se encerrado.
>
> Os remanescentes da empresa que implantou o programa de demissão, por sua vez, relataram a passagem de uma grande guilhotina ou, talvez, de um terremoto, deixando em seu rastro um grande número de mortos.
>
> Estabelecidos na empresa privada, reconheceram terem vivido por muito tempo em um 'mundo irreal', um 'outro mundo', que os fez crer ser a empresa uma mãe e uma família. Nada disso. Acordados deste 'sonho', compreenderam que passaram a viver em um mundo competitivo, no qual cada um devia cuidar de si, sem tutela nem amparo."

As metáforas associadas ao *downsizing* e à privatização são apresentadas na Figura 8.1.

Figura 8.1
A História da Privatização e do *Downsizing* Contada por Metáforas

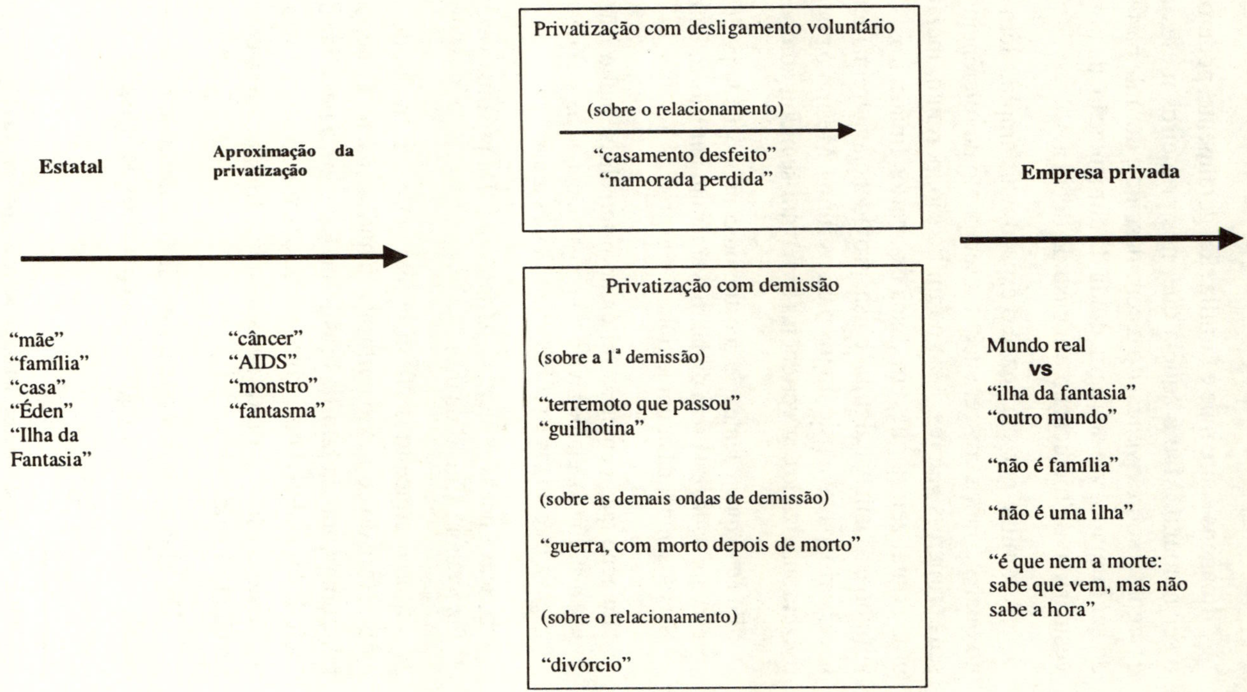

Mãe, família, "casa" e "rua"

Imagens sobre mãe e família são, geralmente, poderosas para o ser humano. Mãe é aquela que, nos primeiros meses de vida, assegura a sobrevivência do recém-nascido e durante parte da vida do ser humano, via de regra, cuida da alimentação, da higiene, do vestuário e da medicação em caso de doença.

A família, por sua vez, é o espaço mais amplo, além da mãe, no qual a criança cresce, encontra seu ponto de referência e forma seus primeiros valores. Mãe e família são, portanto, metáforas de uma estatal zelosa que, em casos de apertos financeiros, dava um jeitinho e adiantava alguma coisa, providenciava treinamento e, se necessário, pagava psicólogos para os filhos. Mesmo o poder punitivo era suavizado e advertências tornavam-se meras admoestações.

> "Eu acho que a gente não acostumou com isso até hoje. ... Você está apertado, está sem dinheiro, vai ter um jeitinho. ... Porque a ServA sempre dava um jeitinho."

> "Eu acho que a empresa foi muito paternalista, muito mãezona nisso aí. Então, ela pegava o empregado, punha na sala de aula e pagava psicólogos e profissionais dessas áreas."

> "E ficava por isso mesmo. Aí falavam: 'Da próxima vez, você faz melhor'. Coisas de mãe."

Mas o conceito de família não pode ser analisado isoladamente, fora do contexto cultural em que se insere. Cabe, portanto, falar um pouco da família brasileira. Esta tem a peculiaridade das sociedades coletivistas, com extensões que incluem não apenas pai, mãe e filhos, como também avós, tios, primos, compadres, serviçais e agregados.

Da Matta[3] indica que a família brasileira só pode ser plenamente compreendida segundo os conceitos de "casa" e "rua". Casa

---

[3] DaMatta, R. A *casa e a rua.* Rio de Janeiro: Guanabara, 1991.

é o espaço do parentesco e dos relacionamentos pessoais, da calma, da tranqüilidade, do amor, do carinho e do consolo. A família está dentro da "casa", mas a "casa" pode, dependendo do ponto de referência, compreender mais do que a família. Pode ser uma rua, uma organização, uma cidade e, até mesmo, um país. Estes limites móveis só podem ser compreendidos se comparados e contrastados com o conceito de "rua".

"Rua" é o espaço fora da "casa", onde cada um está por si, individualizado, um "local perigoso", onde o código é da "letra dura da lei, da emoção disciplinada". Neste espaço, as pessoas transformam-se em indivíduos, onde tudo lhes pode acontecer, fruto da falta de identidade e do vínculo que a "casa" oferece[4].

Com esses conceitos em mente, podemos voltar à análise das empresas estatais. Uma referência, freqüentemente encontrada nas entrevistas e que indica a inserção da empresa no espaço da "casa", é a expressão "tempo de casa" significando o tempo de trabalho do funcionário na empresa. Neste mesmo sentido surgiu, também, a expressão "pessoa da casa", designando a pertinência do funcionário à empresa, no sentido de ser conhecido e fazer parte da "família", e não uma pessoa vinda da "rua", um desconhecido. Assim, indicou-se que "o efetivo da empresa tinha uma média, tanto de *tempo de casa* quanto de idade, muito elevada", ou que "o diretor de suporte era o *diretor da casa*".

No espaço da "casa", a harmonia é imperiosa, as contradições devem ser banidas e manifestações de competição e conflito não são bem vistas. Segundo Da Matta, a intensidade emocional deste espaço é alta, pois a "emoção é englobadora, confundindo-se com o espaço social que está de acordo com ela"[5].

> "Antigamente, na ServA, você fazia trabalhos de grupo maravilhosos. Eram trabalhos de equipe, que a gente saía de lá encantada. Você encontrava com a pessoa, você abraçava a pessoa no

---

[4] Ibidem.

[5] Ibidem, p.22.

> corredor, você ligava para a pessoa: 'Que saudade de você!'. Era um espírito, assim, uma coisa fortíssima. Agora, não. É todo mundo correndo, ninguém nem vê um ao outro. Assim: 'Você trabalha aqui ainda?' ... 'Quanto tempo que eu não te vejo!' Então, é cada um no seu pedaço, na sua mesa, trabalhando igual louco e sem enxergar que tem um colega do lado.".

A "casa" estabelece e demarca, também, a identidade da pessoa. Segundo DaMatta, é exatamente através das relações existentes na "casa" que uma pessoa se define na sociedade brasileira. Estar despojado dessa identidade é para a pessoa um sinal de desvalimento e importância menor. Assim, não é de se estranhar que funcionários não quisessem se aposentar e tivessem grande ligação afetiva com a empresa. Sair da "casa", ou dela ser convidada a sair, seria como perder um conjunto de referências que constituem a identidade da pessoa. Funcionários que fazem da empresa sua família e sua casa sentem, ao sair, dentro desta perspectiva, uma perda e uma dor legítimas.

> "Veja o exemplo das pessoas que se aposentaram. Elas sabiam que iam se aposentar e diziam: 'Quando eu for embora vai ser tão bom'. Na hora agá, de assinar, elas choravam copiosamente, pois a ServC foi a vida delas. Era um relacionamento mais afetivo do tipo: 'A ServC é a minha casa'."

Pertencer à "casa" de uma empresa estatal prestigiosa em sua região transfere ao empregado a respeitabilidade, ao ponto de o crachá da empresa dispensar o funcionário da apresentação de qualquer outro documento: "Eu só uso meu crachá... Eu não preciso de carteira de identidade, não preciso de nada, sou ServA'."

Situação semelhante é relatada por Schirato[6] em sua pesquisa com empresas brasileiras. Na sua opinião, o crachá teria se tornado um instrumento de identificação, um sobrenome. Este seria, para o autor, um problema grave, pois os limites entre empresa e

---

[6] Scirato, M.A.R. Empresa não é mãe. *Veja*, p.11-13, 14.04.1999.

funcionário se fundiriam, perdendo o empregado, com isso, a "cidadania civil" para tornar-se um "cidadão da empresa"[7].

Éden e ilha da fantasia

A imagem do Éden, por sua vez, traz outras conotações. Éden pode ser entendido como o paraíso ou, ainda, como um "lugar de delícias", segundo o dicionário Michaelis. Aí reina a "tranqüilidade", não há pressa nem desgaste, pois sabe-se poder ficar ali para sempre: "... andaram por aí, por vários empregos, até que descobriram o Éden, a tranqüilidade..."

Ocorre, no entanto, que Adão e Eva foram expulsos do paraíso por terem comido da maçã. Seu pecado colocou-os no mundo real, cheio de incertezas e sofrimentos. E este sentimento de expulsão parece estar presente na metáfora do Éden, com a diferença que o convite para sair da empresa não se deu por nenhum pecado cometido. Se a empresa estatal foi obrigada a abandonar seu local no paraíso, assim ocorreu por uma situação fora do seu controle. Causas externas, como a globalização e a concorrência, obrigaram os funcionários a abandonar seu território paradisíaco para entrar no mundo dos mortais comuns.

A imagem da ilha da fantasia, também, surgiu no discurso dos funcionários. Esta ilha é local mágico onde cada um pode realizar seus desejos mais secretos, onde se está protegido das intempéries e desgraças que podem destruir o ser humano.

> "Antes da privatização, nós vivíamos numa ilha da fantasia. Nós passamos ao largo das crises econômicas do país... Tinha infla-

---

[7] Há que se observar, no entanto, que a autora usa o termo cidadania em seu sentido sociológico mais comum, indicando que o cidadão está em pé de igualdade com os demais cidadãos, sem privilégios aos quais possa recorrer em detrimento de outrem. Seu comportamento é regido pelas leis da sociedade em que vive. Assim, segundo Schirato (op.cit.), tornar-se cidadão da empresa é dela fazer seu ponto de referência para comportamentos e cobrança de direitos e deveres. Por outro lado, o termo cidadão, no sentido antropológico proposto por DaMatta, aplica-se apenas àquele indivíduo que está na rua, despersonalizado por estar despojado de suas relações sociais.

ção alta, para nós era bom, porque todas as leis para combater a inflação eram aplicadas aqui para a gente. Então, as perdas salariais que tiveram no Plano Cruzado, no Plano Bresser, no Plano Collor, todas elas o sindicato entrava na justiça e nós recebemos. Recebemos aquela bolada toda. ... Nós recebemos tudo. Então, realmente, a gente vivia numa ilha da fantasia. ... Crise não nos abalava, desemprego não nos abalava. E agora, nós estamos à mercê do mercado. Toda a variação que tiver na Rússia, na Coréia, vai se refletir na gente agora. E isso algumas pessoas não conseguem enxergar e sofrem por causa disso."

A chegada da privatização

A privatização foi fortemente associada com imagens negativas, como doenças que corroem e destroem a imunidade do ser humano e prenunciam a morte (câncer, AIDS), com entidades desconhecidas, sem um rosto definido, mas com potência para assustar, matar e destruir (fantasma, monstro) e, por fim, com a morte propriamente dita.

> "Viam a privatização como um monstro. Que vai acabar com tudo, vai demitir todo mundo."

> "É igual à Aids. Só se acredita que ela existe quando vem em alguém pertinho de você. Até então (se pensava): 'Isso é coisa de televisão. Isso não vai acontecer aqui perto de mim, não.' Então, com a privatização da ServC, era a mesma coisa. É aquele negócio, acontece na casa dos outros, mas na minha não vai acontecer."

Essas imagens, além de indicarem ser a privatização um prenúncio de algo ruim por acontecer, apontavam também para a demissão (morte), o que, em verdade, reforça a suposição de que privatização e *downsizing* formavam um conjunto, um "pacote único" na imaginação dos funcionários de empresas estatais. Privatização viria, desta forma, sempre acompanhada de demissão.

Silva e Vergara[8], em pesquisa realizada em empresa estatal em fase de pré-privatização, através de dinâmica de construção coletiva de imagens, relataram ter encontrado um conjunto de imagens negativas associadas às possíveis mudanças futuras. Pelo menos três delas se assemelham às metáforas desta pesquisa, conforme se pode verificar no Quadro 8.1.

Quadro 8.1

Imagens Negativas da Mudança Futura em Empresa em Fase de Pré-Privatização

Aspectos negativos	Exemplos de imagens
O rompimento de uma relação entre as pessoas e a organização, antes sólida.	Mãe que chora por não mais poder amamentar seus filhos. Filhos que choram por não mais alcançarem o seio da mãe.
A ameaça de rompimento de uma relação sólida entre as pessoas, em função da expectativa de cisão da empresa.	Amantes que, acorrentados, são obrigados a seguir por caminhos distintos.
A sensação de que a mudança está sendo imposta por uma grande ameaça externa.	Furacão, tempestade.

Fonte: Silva e Vergara (2000)

Como pode ser observado, a imagem da mãe é bastante consistente nas duas pesquisas, sendo a empresa a grande mãe e os funcionários seus filhos de quem terá que se separar. Note-se ainda, a imagem dos filhos ainda bebês, o que pode indicar a falta de preparo dos funcionários em seguirem suas vidas de forma autônoma. Schirato[9] faz observação semelhante. Em pesquisa em empresa brasileira de aviação, constatou que a empresa, ao agir como grande mãe, gerava "filhos dependentes", que seriam devotos à empresa, porém "imaturos para o mercado".

---

[8] Silva, J.R.G. e Vergara, S.C. O significado da mudança: as percepções dos funcionários de uma empresa brasileira diante da expectativa de privatização. *Revista de Administração Pública*, v.34, n.1, p.79-99, 2000.

[9] Schirato, op.cit.

Há, ainda, uma peculiaridade a ser comentada. As imagens de doença, como câncer e AIDS, foram referenciadas em contexto de reprovação às pessoas que não acreditavam na privatização. Para esses, a privatização aconteceria apenas em outras empresas e não naquelas em que estavam trabalhando, indicando um comportamento de negação da realidade.

Um dos gerentes da ServB relatou que a demissão, que se seguiu à privatização, era mais do que esperada, mas, ainda assim, teria causado surpresa, assim como a morte, que seria um fato racionalmente esperado por todos, mas emocionalmente evitado.

> "Desde o início da privatização, ficou claro para todos nós que, com certeza, iríamos ter pessoas desligadas. ... Estavam conscientes, não foram pegas... Quando eu digo, no início, que eles tiveram uma reação de surpresa, [é] porque é natural: as pessoas morrem, mas elas não acreditam que vão morrer um dia".

Privatização com redução voluntária: o namoro desfeito

Remanescentes de empresas, com programas de redução voluntária, referem-se a um relacionamento que "quebrou", um "casamento desfeito" ou uma namorada "perdida". Neste caso a relação com a empresa deixa de ser definida como relação entre mãe e filho e passa a ser vista como um relacionamento marital que se encerrou.

> "Vamos dizer assim: você namorou, casou e vai separar da mulher. ... O que assusta mais é essa quebra de relacionamento. ... Só aquelas pessoas que não têm sangue nas veias não sentiram. Porque eu tenho 26 anos de empresa. É a namorada que eu tenho há 26 anos".

Uma possível explicação para a redefinição do relacionamento pode estar na impossibilidade de se continuar com a metáfora materna e familiar justamente pela característica de perenidade desta relação. Mãe continua mãe para sempre. Assim, namoros e casamentos permitem que se continue referenciando uma relação afetiva ocorrida no passado, sujeita a rompimentos e separações e às conseqüentes dores da perda.

A pesquisa de Silva e Vergara[10] indica imagem semelhante no caso de pessoas que temem separar-se umas das outras em função de possível cisão futura da empresa. Embora haja diferenças nas situações específicas das duas pesquisas, o sentimento que transparece é o de quebra de relacionamento e de perda.

Privatização com demissão: separação traumática e possível culpa dos que "morreram"

As metáforas, no caso da privatização seguida de demissão, variam conforme o evento a que se referem. No caso da ServB, o primeiro grande plano (PDI), no qual 2.000 pessoas foram demitidas, foi retratado como um "terremoto" e uma "grande guilhotina".

São imagens, utilizadas por um gerente, que remetem a um grande volume de pessoas mortas: "Vamos dizer que um terremoto tenha passado ou uma grande guilhotina nas pessoas..."

Alguns pontos merecem ser comentados. Guilhotinas estão, provavelmente, associadas a mortes de pessoas que passaram por um processo de julgamento. Possivelmente, a imagem se fundamenta na história da empresa, uma vez que, na ServB, as demissões ocorreram com escolha por parte das chefias. Implícito, na metáfora, está o processo de culpabilização daqueles que saíram, "decapitados", após julgamento que os declarou culpados. Imagem semelhante é utilizada pelo mesmo gerente ao se reunir com remanescentes:

> "É a figura, assim, de que, quando cada um recebe seu salário, está recebendo uma fatia de um bolo. Se você tem pessoas que estão tirando a sua fatia e não estão ajudando o bolo a crescer, são pessoas que estão prejudicando a tua fatia. ... Ou seja, as

[10] Silva e Vergara, op.cit.

pessoas que, realmente, faziam o bolo crescer é que tinham ficado. ... Isso se usou muito".

Por outro lado, terremotos, quando terminados, têm como conseqüência uma acomodação de camadas, em que aquela que estava em cima pode, ao final, estar embaixo e vice-versa. Além disso, terremotos são pouco previsíveis e podem ocorrer novamente a qualquer hora.

As ondas seguintes de demissão foram retratadas como uma guerra, em que há "morto atrás de morto". Nestas situações, seria normal perder-se a sensibilidade e a visão de tantos mortos já não causaria tanto dor e sentimento de perda.

> "Fazendo um comparativo, assim, bem forte. Quando você está numa guerra e começa a ver morto atrás de morto, você deixa de ter aquela sensação de perda. ... Engraçado, mas isso acontece. Então, quando aconteciam as demissões, eu ficava assim: 'Mais 100, mais 200, mais 50'... Certo que é um número extremamente significativo, mas você viu que já foram demitidos 2.000 e, agora, demitindo 500, 100 ou 50 você não vai..."

A imagem contém traços do que a literatura crítica denominou de "banalidade do mal". O termo é utilizado quando as situações ruins se repetem de tal forma que as pessoas se insensibilizam às mesmas, passando a achá-las banais. Para Déjours[11], o sofrimento no trabalho, comum nas empresas, seria fruto desta banalização e deveria ser imputado aos objetivos econômicos das empresas.

Empresa privada: o "mundo real"

A maior riqueza de imagens surgiu na referência à empresa privada. Algumas pessoas referiam-se à empresa privada em contraposição à empresa estatal. Esta fazia parte de um "mundo de fantasia", de um "outro mundo". Assim, estatal e privada são dois mundos completamente diferentes, e os remanescentes, em-

---

[11] Déjours, C. *A banalização da injustiça social.* Rio de Janeiro: Fundação Getúlio Vargas, 1999.

bora egressos deste "outro mundo", estão, agora, no verdadeiro mundo, o mundo "real". Essa mudança foi penosa para muitos, sendo que alguns ainda não assimilaram a nova realidade.

> "Ainda tem gente que não se conscientizou da mudança que a empresa está passando. O mundo está passando e [a pessoa] continuou ainda, assim, meio no mundo da fantasia. Você às vezes chama essas pessoas, conversa, tenta mostrar, olha, sacudir e mostrar: 'Tenta ser diferente, porque daqui a pouco o trator vai estar passando em cima de você.' Mas algumas pessoas ainda continuam meio perdidas."

Passar para este novo mundo significa que se tem que acordar e descobrir ter estado sonhando, pois o mundo da fantasia não existe. Pode até ser necessário que se tenha que "sacudir" a pessoa, para que ela acorde deste estado de sono e viva em mundo mais "elétrico" .

> "Nós estamos nos adaptando a este momento, estamos nos adaptando a esta nova realidade. Então, esta questão de estar eletrizado faz com que haja maior desgaste pessoal. Mas, ao mesmo tempo, naquele mundo que a gente vivia, eu diria que era um mundo também irreal."

Para outros, a empresa deixou de ser a "família", que tomava conta de seus filhos. Outro, ainda, declarou que nunca considerou a empresa uma família, pois os sentimentos dedicados a cada um tinham que ser de ordem diferente:

> "Nunca considerei que a empresa fosse família. Empresa é empresa. Família é em casa e tal... Porque o sentimento que você tem que ter pela empresa não pode ser o mesmo que você tem pela família. Se não a família dança. ... Empresa não é família, por quê? Quando a coisa aperta na sua casa, você não põe ninguém para fora não. Você pode até apertar o orçamento ali, mas todo mundo vai continuar ali dentro. ... Então, fazendo essa analogia, a gente vê claramente que empresa não é família. Empresa é diferente, o tratamento é diferente, é um tratamento de competição. Principalmente empresa grande, onde há competição."

Em consonância com esta imagem, um dos entrevistados indicou que teria que passar a "caçar o rumo" dentro da empresa. Aparentemente, estas duas imagens se completam, pois na ausência de família, há que se ir caçar, em busca do próprio alimento.

Por fim, para um dos entrevistados, o destino dos remanescentes seria o da morte. Sentia que, mais cedo ou mais tarde, todos os funcionários oriundos da estatal seriam substituídos por funcionários mais novos. Sem muito o que fazer, continuaria a trabalhar esperando a sua hora:

> "Não tem o que fazer. Continuo trabalhando da mesma maneira, procurando sempre fazer o meu serviço o melhor possível, sempre trabalhando direitinho ali, operando para a empresa, para a empresa progredir. Não tem muito o que fazer. É que nem a morte, você sabe que uma hora vem, não sabe a hora que chega".

Observam-se, portanto, relatos que apontam para um mundo organizacional subjetivo, além das racionalizações puramente instrumentais. Um espaço subjetivo dos atores organizacionais que funciona como um mundo paralelo ao da vida real, e encontra sua expressão no denso – e, talvez, por isso mesmo, fragmentado – discurso das metáforas.

APÊNDICE

NOTAS METODOLÓGICAS

NOTAS METODOLÓGICAS

Este livro originou-se de uma pesquisa realizada em 1999, para minha tese de doutorado em Administração. O objetivo da pesquisa foi o de compreender como programas de *downsizing* eram percebidos a partir da ótica de funcionários remanescentes e de gerentes. E aí reside um fato importante: uma coisa é investigar a posição oficial de uma empresa acerca de um programa de *downsizing*. Outra é ter acesso às avaliações, pensamentos e sentimentos de funcionários que passaram pelo processo. O discurso racional e sistematizado das organizações pode contrastar com o mundo das experiências individuais dos funcionários.

Definido o objetivo da pesquisa, havia que se identificar empresas que permitissem a realização de um razoável número de entrevistas com seus empregados. Havia um temor de que as empresas negassem esse acesso por se tratar de tema, possivelmente, delicado. Qual não foi a surpresa, quando as primeiras empresas contatadas rapidamente deram autorização para o estudo.

As pesquisas se iniciaram com um primeiro contato com o Diretor de Recursos Humanos da organização, em que se explicou o objetivo do estudo e se procuraram as primeiras informações sobre os planos de *downsizing*.

Foram selecionadas três empresas de grande porte, duas com sede na região Sudeste e uma com sede na região Sul. Como duas empresas – ServA e ServB – tinham sede fora do estado de residência da pesquisadora, achou-se que a melhor forma seria a alocação de uma semana inteira para a realização das entrevistas. Estas empresas organizaram a agenda com os horários das entrevistas e providenciaram uma sala reservada para local de conversa.

Em cada uma das empresas foram realizadas cerca de 20 entrevistas. Foram entrevistados funcionários em cargos técnicos e em cargos gerenciais. A cada entrevistado garantiu-se a confidencialidade de seu nome, do título de seu cargo e da empresa em que trabalhava.

Segue-se tabela com detalhamento, por cargo, das entrevistas realizadas em cada uma das empresas:

DETALHAMENTO POR CARGO DAS ENTREVISTAS
REALIZADAS EM CADA EMPRESA

Cargo	ServA	ServB	ServC
Diretor de Recursos Humanos ou gerente de alto nível	2(*)	1	1
Gerentes intermediários ou supervisores	11	10	8
Funcionários sem cargo gerencial	9	10	6
Total por empresa	22	21	15
Entrevistas descartadas		2	1

(*) Foram entrevistados o diretor de Recursos Humanos da holding e o diretor de Recursos Humanos da ServA

Das 61 entrevistas realizadas, três não puderam ser consideradas. Em um dos casos, o funcionário pesquisado permitiu a gravação da entrevista mas, a certa altura, solicitou que o gravador fosse desligado e as informações e opiniões relatadas a seguir não fossem utilizadas na pesquisa. Nos outros dois casos, houve problemas com a fita a ponto de não ser possível a transcrição.

Todas as entrevistas foram posteriormente transcritas, gerando cerca de 1.200 páginas de texto. Diante de tão volumoso material, optou-se pela utilização de *software* específico para a análise de dados qualitativos. Estes apresentam as seguintes vantagens[1]:

[1] Creswell, J.W. *Qualitative enquiry and research design:* choosing among five traditions. Thousand Oaks: Sage, 1998.

- organizam e arquivam o material;
- permitem rápida recuperação de partes específicas, idéias, frases ou palavras;
- eliminam as operações de "corte e cola";
- forçam uma análise do texto que, de outra forma, poderia ser realizada superficialmente.

A utilização do *software* auxilia, ainda, nas seguintes tarefas:

- pesquisa de conceitos e temas;
- cruzamento de temas ou conceitos;
- visualização da codificação através de diagramas.

Este estudo utilizou-se do *software Nud*ist*, criado por Thomas e Lyn Richards e comercializado pela empresa Sage. Os dados foram organizados de forma compatível com o estudo de casos e similar à proposição de Creswell[2]:

DIAGRAMA DE ORGANIZAÇÃO DOS DADOS NO *NUD*IST*

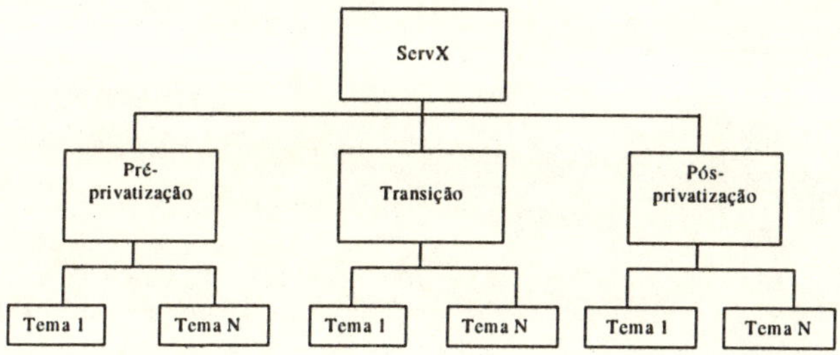

Há, ainda, uma última questão a ser esclarecida com respeito à realização desta pesquisa. Inicialmente, tinha-se como objetivo investigar o processo de *downsizing*. No entanto, por uma coincidência, as três empresas pesquisadas tinham sido privatizadas em passado recente, o que teve uma conseqüência inesperada.

---

[2] Ibidem.

Embora, teoricamente, as questões de privatização e *downsizing* possam ser tratadas de *per se,* na prática estes dois eventos estavam, na percepção dos entrevistados, intrinsecamente ligados. Um ponto bastante indicativo deste fato revelou-se na forma como a pesquisadora era apresentada aos funcionários: "A professora veio fazer uma pesquisa sobre a privatização". A despeito de todo um processo de formalização da pesquisa junto à diretoria e a despeito da insistência da pesquisadora em esclarecer o objetivo do estudo, a comunicação informal dentro das empresas já havia divulgado ser o objeto da pesquisa o processo de privatização.

Pelo menos duas razões parecem justificar tal fato: (a) o edital de concessão, nos casos da ServA e da ServB, indicava que possíveis programas de desligamento em massa estariam sujeitos a regras determinadas; (b) as histórias de privatizações passadas no Brasil indicavam que programas de desligamento eram comuns no instante posterior à privatização.

Leia também da Coleção Estudos COPPEAD:

CONSUMIDORES INSATISFEITOS
Uma oportunidade para as empresas

de *Marie Agnes Chauvel*

Este livro, da MAUAD Editora,
foi impresso em papel pólen 70g,
na gráfica Markgraph